Niederländisch sprechen

Wörterbuch

Auf einen Blick

Niederländisch

Niederländisch, Eigenbezeichnung **nederlands,** ist Amtssprache in den Niederlanden und in Flandern, dem nördlichen Teil Belgiens. Insgesamt hat die niederländische Sprache viele Ähnlichkeiten mit dem Deutschen.

3

Geschlechter

(männlich, weiblich, sächlich), aber eigentlich nur zwei, da männliche und weibliche Wörter identisch gebeugt werden.

3

Dialektgruppen

Westniederfränkisch, Südniederfränkisch und Niedersächsisch

23

Millionen Menschen

haben Niederländisch als Muttersprache, wenn man die Sprecher aus den Niederlanden und aus Belgien zusammenzählt.

Vorwort

Natürlich könnte man sich auch in den Niederlanden auf Deutsch oder Englisch verständigen. Aber jeder, der schon mal dort war, weiß, dass man viel freundlicher aufgenommen wird, wenn man versucht, Niederländisch zu sprechen.

Dabei wird keineswegs Perfektion erwartet, aber schon wenige Brocken genügen, um in engeren Kontakt mit den Leuten dort zu kommen. Wer sich die Mühe macht, ein paar Wörter und Sätze zu lernen, wird die Niederlande nicht nur aus Touristensicht erleben.

Da die Niederländer außerdem ein recht reisefreudiges Volk sind, kann man auf Urlaubsreisen in ganz Europa Bekanntschaften mit ihnen machen. Es lohnt sich daher für Reisende, wenigstens ein wenig Niederländisch zu lernen. Die Unterschiede zum Deutschen sind nicht so groß, dass man viele Vokabeln oder komplizierte Grammatikregeln lernen müsste. Ganz im Gegenteil, Niederländisch ist für Deutsche wegen der vielen Ähnlichkeiten sogar recht einfach. Es gibt aber auch eine ganze Reihe Wörter, die sich ähnlich anhören, aber eine ganz andere Bedeutung haben, als man denkt (zum Beispiel **bellen** = telefonieren).

Ich habe versucht, diesen Sprachführer möglichst einfach zu gestalten. Mit nur wenigen Sätzen und Wörtern kann man schon versuchen, ein kleines Gespräch zu beginnen.

O'Niel V. Som

Top 5

Typisch Niederländisch

№ 1 Wasser

Wasser ist eigentlich allgegenwärtig in den Niederlanden. Die typisch niederländischen Windmühlen und Grachten begegnen Reisenden überall. Mit **gracht** ist eigentlich jede Art von Wassergraben gemeint, vielerorts sind es extra angelegte Kanäle, die die Städte durchziehen und auf denen es viele Boote gibt. Die Windmühlen wurden übrigens auch zur Entwässerung eingesetzt. Da die Niederlande teilweise unter dem Meeresspiegel liegen, hat man damit viel Erfahrung.

№ 2 Essen

Eine Spezialität ist frischer Fisch aus dem Meer: Matjes, z. B. **Hollandse Nieuwe,** junger Hering mit Zwiebeln. Ebenso Käse in vielen Varietäten, am bekanntesten Gouda. Deftige Eintöpfe und Suppen spielen seit jeher eine wichtige Rolle in der niederländischen Küche. **Stamppot** ist das klassische Nationalgericht aus gestampften Kartoffeln, Grünkohl und Knackwürsten. **Hutspot** ist ein Eintopf mit Zwiebeln und Karotten. **Erwtensoep** ist die auch bei uns bekannte Erbsensuppe mit Räucherwurst oder

Speck. In Städten findet man viele internationale Restaurants, die zum Teil von Einwanderern aus früheren Überseekolonien geführt werden.

№3 Süßigkeiten

Wer Süßes mag, findet eine sehr große Auswahl. Typisch sind: **stroopwafels** (Sirupwaffeln), **pannekoeken** (Pfannkuchen), **poffertjes,** das sind kleine Pfannkuchen, die es oft auch auf deutschen Weihnachtsmärkten gibt, und **vla** (Pudding). Auch **drop** (Lakritz) ist sehr beliebt.

№4 Klompen

Klompen, die traditionellen niederländischen Holzschuhe, sind als Reiseandenken bei Touristen gefragt. In einigen Regionen auf dem Land werden sie auch heute noch getragen.

№5 Sport

Voetbal (Fußball) mit der Kennfarbe orange, die von dem königlichen Familiennamen „van Oranje“ stammt, und im Winter **schaatsen** (Schlittschuhlaufen) sind sehr beliebte Sportarten, und natürlich das **fietsen** (Fahrradfahren), was aber nicht nur Sport, sondern das normale Fortbewegungsmittel für viele Niederländer darstellt.

Über die Sprache

Von der Sprachgeschichte her gehört das Niederländische wie das Deutsche und Englische zur Gruppe der westgermanischen Sprachen. Aus einer gemeinsamen Wurzel entstanden im Laufe der Jahrhunderte Sprachen, die zwar untereinander verwandt sind, sich aber in verschiedene Richtungen entwickelt haben. Daher erklären sich die vielen Ähnlichkeiten, aber auch einige prinzipielle Unterschiede. In Wortschatz und Satzbau gibt es viele Übereinstimmungen mit dem Deutschen, während die grammatischen Formen der Wörter viel einfacher sind.

Das Niederländische ist vor allem in den Provinzen Nord- und Südholland entstanden, also in dem Gebiet, wo die großen Städte Amsterdam, Den Haag und Rotterdam liegen. Sie hatten sich schon seit dem 16. und 17. Jahrhundert zum Zentrum der Niederlande entwickelt. Die „Republik der Vereinigten Niederlande" des sog. Goldenen Zeitalters war politisch eine Föderation mit gemeinsamem Staatsoberhaupt. Die Provinz bzw. Grafschaft Holland mit ihrer besonderen Städteautonomie war bei weitem die führende Macht innerhalb dieser Föderation. Daher wird auch heute noch oft von „Holland" gesprochen, auch wenn die ganzen Niederlande gemeint sind.

In diesen Jahrhunderten wurde auch die Bibel ins Niederländische übersetzt, was einen großen Einfluss auf die Entwicklung der Sprache ausübte, da die Bibel in gläubigen Familien jener Zeiten täglich gelesen wurde.

Auch die übrigen Teile der Niederlande waren an der Entwicklung der Sprache beteiligt. Die heutige Umgangssprache wird **Algemeen Beschaafd Nederlands** genannt. Daneben gibt es noch einige niederländische Dialekte. Im Norden Belgiens (West- und Ostflandern, in den Provinzen Antwerpen, Limburg und in Flämisch-Brabant) wird Flämisch gesprochen, das eine regionale Variante des Niederländischen ist. Der restliche Teil Belgiens, jenseits der Sprachgrenze, spricht Französisch. Und seit einigen Jahren ist in den Niederlanden noch eine weitere Regionalsprache in der Entstehung: das Limburgische im Südosten des Landes (mit Maastricht als wichtigster Stadt). Bisher als niederländischer Dialekt geltend, taucht es nun ebenfalls immer öfter auf Ortsschildern und in den Medien auf.

In den Niederlanden gibt es noch eine zweite Amtssprache, das Friesische. So sind in der nördlichen Provinz Friesland auch alle Ortsnamen auf Friesisch, teilweise auch zweisprachig, beschildert. Das Friesische im Norden der Niederlande ist dieselbe Sprache wie das Ost- und Nordfriesische in Deutschland, allerdings gibt es auch hier Dialektunterschiede.

In veränderter Form wird in Südafrika Afrikaans gesprochen, das ursprünglich von niederländischen Kolonialherren ins Land gebracht wurde und heute eine selbstständige Sprache darstellt.

Hinweise zur Benutzung

Niederländisch lernen

Der erste Teil zeigt, wie Niederländisch „funktioniert" und liefert das Handwerkszeug, um eigene niederländische Sätze zu sprechen.

Sollten Sie zu den Menschen gehören, die lieber einen Bogen um das Thema Grammatik machen: Keine Sorge! Die wichtigsten Regeln werden auch für Laien verständlich erklärt und mit praktischen Beispielen veranschaulicht. Die Wort-für-Wort-Übersetzung (Seite 1) hilft dabei, den Satzbau nachzuvollziehen und selbst anzuwenden.

Niederländisch sprechen

Im zweiten Teil dreht sich alles ums Sprechen. Für alle möglichen Lebenslagen auf Reisen gibt es Beispiele, in die man nur noch das passende Wort einsetzen muss. Praktische Tipps und Infos zum Reiseland erleichtern das Ankommen.

Trauen Sie sich und versuchen Sie Ihre ersten Schritte in der Fremdsprache! Sie zeigen damit Interesse und Respekt – und schon ist das Eis gebrochen, auch wenn man mal einen Fehler macht. Sie werden völlig andere Dinge erleben als „sprachlose" Reisende, und Sie werden feststellen: Sprache öffnet Türen und Herzen.

Den ersten Schritt dazu haben Sie mit diesem Buch bereits in der Hand. Übrigens: In Gesprächen werden kleine Sprachkenntnisse größer!

Am Ende des Buches finden Sie ein Wörterbuch zum Nachschlagen in beiden Richtungen. Die Umschlagklappen geben einen Überblick der wichtigsten Sätze.

Niederländisch lernen

Obwohl Niederländisch und Deutsch so nah miteinander verwandt sind, dass man mitunter ein Wort erraten kann, ist beim freien Sprechen doch Vorsicht geboten, damit man auch das sagt, was man meint! Deshalb ist das Kapitel „Ähnlichkeiten und Unterschiede“ auf Seite 15 sehr zu empfehlen. Man gewöhnt sich bald an die ungewohnte Aussprache. Nur Mut!

Aussprache und Betonung

Im Prinzip wird alles so gesprochen, wie es geschrieben wird, wenn man folgende Buchstaben anders als gewohnt spricht:

ch	*ch*	immer wie in „lachen“ (nicht wie in „ich“)	**tochtje** *tochtj*^{e} Ausflug
g	*ch/sh*	wie ch, aber stimmhaft; in Lehnwörtern vor **e, i, y** stimmhaftes „sch“	**garage** *charraash*^{e} Autowerkstatt
ng	*ng*	hier spricht man das **g** wie im Deutschen	**brengen** *bräng*^{e}*(n)* bringen
s	*ß*	stets scharf (stimmlos) sprechen!	**saai** *ßaaj* langweilig; **studeren** *ßtü(ü)deer*^{e}*(n)* studieren, **spreken** *ßpreek*^{e}*(n)* sprechen

z	*s*	wie in „Rose“	**zoeken** *su(u)k*^{e}*(n)* suchen
v	*v*	Aussprache zwischen „f“ und „w“	**vriend** *vriint* Freund
sch	*ßch*	kein deutsches „sch“, sondern erst ein „ß“ und dann „ch“ sprechen wie in „Häuschen“, nur mit niederländischem „ch“	**school** *ßchool* Schule
sj	*sch*	deutsches „sch“	**kruisje** *kröüsch*^{e} Kreuzchen
tj	*tch*	zwischen „tch“ und „tj“	**hartje** *harrtch*^{e} Herzchen
oe	*u, u(u)*	langes oder mittellanges „u“	**hoe** *huu* wie, **boek** *bu(u)k* Buch
eu	*öö*	langes „ö“	**keuken** *köök*^{e}*(n)* Küche
ui	*öü*		**huis** *höüß* Haus
ij	*äj*		**mijn** *mäjn* mein
e	^{e}	kurzes dumpfes „e“ wie in „bitte“	**regen** *ree~~ch~~*^{e}*(n)* Regen
ei	*äj*		**klein** *kläin* klein
u	*ü(ü) / ö*	mittellanges „ü“: **nu** *nü(ü)* jetzt; kurzer Laut zwischen „i“ in „bitte“ und „ö“ in „Geröll“	**kunnen** *könn*^{e}*(n)* können
ou	*au*		**koud** *kaut* kalt

Das kurze „a“ des Niederländischen klingt dunkler und dumpfer als sein deutsches Gegenstück (ganz leicht in Richtung „o“ tendierend), aber nicht so dumpf wie im Bairischen. In unserer Lautschrift steht dafür aber immer nur „a“. Daher wirkt auch **auto** „Auto“ für uns ein bisschen wie „outoo“.

Wem die Aussprache als „öü“ zu schwierig ist, kann **ui** auch problemlos auch als „öi“ aussprechen. Ein „äu“ würde allerdings ziemlich deutsch klingen.

In der hier verwendeten Lautschrift deuten in Klammern stehende Vokale darauf hin, dass sie weder besonders kurz noch ausgesprochen lang sind. Die Klangfarbe ist dabei aber dieselbe wie bei den langen Vokalen. Neben dem **eu** und dem **u** kommen mittellange Vokale besonders häufig in Lehnwörtern vor. Ein in Klammern stehendes (n) soll hingegen andeuten, dass man das „n“ hier aussprechen oder weglassen kann (im holländischen Kerngebiet eher weglassen, in den Südniederlanden und Belgien mitsprechen).

Doppelte Vokale sind lang zu sprechen. Am Wortende treten diese Änderungen auf:

-lijk	*-l^{e}k*	**hartelijk**	*harrt^{e}l^{e}k*	herzlich
-tie	*-zi(i)*	**vakantie**	*vakkannzi(i)*	Ferien
-ig	*-^{e}ch*	**weinig**	*wäjn^{e}ch*	wenig
-isch	*-i(i)ß*	**Belgische**	*bällchi(i)ß^e*	Belgierin

Am Wortende werden wie im Deutschen **-b** und **-d** stimmlos gesprochen:

heb	*häpp*	habe
aavond	*aav^{e}nt*	Abend

Am Wortende z. B. eines Verbs wird das **-n** der Endung **-en** in vielen Gegenden verschluckt (d. h. nur -^{e}), also wie wir es auch in einigen deutschen Dialekten gerne tun:

praten	*praat^{e}(n)*	sprechen

In der gesprochenen Sprache sind diese Artikelformen entgegen der Regel abgeschwächt:

het	*^{e}t*	das, es
een	*^{e}n*	ein

Es gibt im Niederländischen viele französische Lehnwörter, die man aber auch nach wie vor französisch ausspricht! Im Deutschen wurden diese Wort im Laufe der Zeit viel stärker eingedeutscht.

paraplu	*parrapplü(ü)*	Regenschirm

Ähnlichkeiten und Unterschiede

Im Wörterverzeichnis am Ende des Buches sind vor allem die Wörter berücksichtigt, die eine andere Bedeutung als im Deutschen haben, oder die sich nur schwer herleiten lassen.

Bei ähnlichen Wörtern gibt es aber ein paar Regeln, mit denen man viele Wörter auch ohne Wörterbuch herleiten kann. Daher folgende Übersicht als Beispiel:

p	→	pf
plicht	*plicht*	Pflicht
paard	*paart*	Pferd
pond	*ponnt*	Pfund

appel	*app^{e}l*	Apfel
ij	→	ei
mijn	*mäjn*	mein
ijs	*äjß*	Eis
vrij	*vräj*	frei
bij	*bäj*	bei
p	→	f, ff
hopen	*hoop^{e}(n)*	hoffen
helpen	*hällp^{e}(n)*	helfen
open	*oop^{e}(n)*	offen
schaap	*ßchaap*	Schaf
ui	→	au
huis	*höüß*	Haus
uit	*öüt*	aus
huid	*höüt*	Haut
luid	*löüt*	laut
t	→	z
tong	*tong*	Zunge
twee	*twee*	zwei
toestand	*tuußtannt*	Zustand
tang	*tang*	Zange
f	→	b
of	*off*	ob
af	*aff*	ab
lief	*liif*	lieb
stof	*ßtoff*	Staub
s	→	sch
smal	*ßmall*	schmal
snel	*ßnäll*	schnell
slecht	*ßlächt*	schlecht

t	→	s, ss
weten	*weet^{e}(n)*	wissen
dat	*datt*	das
laten	*laat^{e}(n)*	lassen
d	→	t
dag	*dach*	Tag
drinken	*drink^{e}(n)*	trinken
dood	*doot*	Tod
dal	*dall*	Tal
zw	→	schw
zwager	*swaa~~ch~~^{e}r*	Schwager
zwaar	*swaar*	schwer
zwak	*swakk*	schwach
zwemmen	*swämm^{e}(n)*	schwimmen
k	→	ch
breken	*breek^{e}(n)*	brechen
ik	*ikk*	ich
rekenen	*reek^{e}n^{e}(n)*	rechnen
welke	*wällk^{e}*	welche
v	→	b
zilver	*sillv^{e}r*	Silber
geven	*~~ch~~eev^{e}(n)*	geben
leven	*leev^{e}(n)*	leben
sterven	*ßtärrv^{e}(n)*	sterben

Manchmal unterscheidet sich nur die Schreibweise, während die Wörter fast gleich gesprochen werden:

v	→	f
vet	*vätt*	fett
vinden	*vinnd*^{e}*(n)*	finden
vliegen	*vlii~~ch~~*^{e}*(n)*	fliegen
vallen	*vall*^{e}*(n)*	fallen
oe	→	u
bloem	*blu(u)m*	Blume
hoed	*hu(u)t*	Hut
stoel	*ßtu(u)l*	Stuhl
goed	*~~ch~~u(u)t*	gut
z	→	weiches s
zicht	*sicht*	Sicht
zo	*soo*	so
zorgen	*sorr~~ch~~*^{e}*(n)*	sorgen
zee	*see*	(die) See

Das niederländische **zee** bezeichnet immer das „Meer“, das niederländische **meer** hingegen den deutschen „(Binnen-)See“.

Viele Wörter werden zwar gleich geschrieben, aber anders als im Deutschen ausgesprochen, vor allem solche mit **st, sp, sch** und **g**.

Nomen

Außer am Satzanfang und bei Eigennamen wird im Niederländischen alles einfach klein geschrieben.

Bestimmter Artikel

Man unterscheidet im Niederländischen nicht zwischen männlich und weiblich, und es gibt auch nur zwei Artikel: **de** und **het**.

Als einzige Faustregel kann man sich merken, dass „belebte“ Nomen (z. B. Personen, Tiere, Pflanzen und deren Bestandteile) und „bewegte“ Nomen (z. B. Motorisiertes, mechanisch Bewegtes, wie Uhr, Windmühle oder Fahrrad, aber auch Werkzeuge) immer den bestimmten Artikel **de** haben. Das männliche und das weibliche Geschlecht sind in dieser Gruppe schlicht und einfach zusammengefallen.

Alle anderen Nomen haben nach diesem groben Schema den bestimmten Artikel **het**. Ausnahmen gibt es immer, z. B. **het kind** (obwohl belebt). Dies ist also das übrig gebliebene sächliche Geschlecht des Niederländischen. Aber es umfasst ebenso wenig wie das deutsche Neutrum alle unbelebten Nomen.

Der bestimmte Artikel im Plural ist hingegen immer **de**.

de man	*d^e mann*	der Mann
de mannen	*d^e mann^e(n)*	die Männer
de vrouw	*d^e vrau*	die Frau
de vrouwen	*d^e vrauw^e(n)*	die Frauen
het boek	*^{e}t bu(u)k*	das Buch
de boeken	*d^e bu(u)k^e(n)*	die Bücher

Unbestimmter Artikel

Der unbestimmte Artikel heißt immer **een**.

een man	*^{e}n mann*	ein Mann
een vrouw	*^{e}n vrau*	eine Frau
een boek	*^{e}n bu(u)k*	ein Buch

Plural

Die meisten Wörter im Niederländischen bilden die Pluralform (Mehrzahl) mit der Endung **-en**.

de dag	*d^e dach*	der Tag
de dagen	*d^e daach^e(n)*	die Tage
het jaar	*^{e}t jaar*	das Jahr
de jaren	*d^e jaar^e(n)*	die Jahre
de mens	*d^e männß*	der Mensch
de mensen	*d^e männß^e(n)*	die Menschen

Dabei ändert sich gegebenenfalls die Schreibweise: **f** wird zu **v,** und **s** wird zu **z.**

het huis	*^{e}t höüß*	das Haus
de huizen	*d^e höüs^e(n)*	die Häuser
het glas	*^{e}t chlaßß*	das Glas
de glazen	*d^e chlaas^e(n)*	die Gläser
de golf	*d^e chollf*	die Welle
de golven	*d^e chollv^e(n)*	die Wellen

Manchmal wird der letzte Buchstabe verdoppelt, vor allem dann, wenn man den Vokal kurz spricht.

het bos	*^{e}t boßß*	der Wald
de bossen	*d^e boßß^e(n)*	die Wälder
de man	*d^e mann*	der Mann
de mannen	*d^e mann^e(n)*	die Männer
de tak	*d^e takk*	der Zweig
de takken	*d^e takk^e(n)*	die Zweige

Einige Nomen bilden den Plural jedoch mit der Endung **-eren,** und zwar immer, wenn im Deutschen für das entsprechende Wort die Endung **-er** benutzt wird.

het kind	*^{e}t kinnt*	das Kind
de kinderen	*d^e kinnd^{e}r^e(n)*	die Kinder
het ei	*^{e}t äj*	das Ei
de eieren	*d^e äj^{e}r^e(n)*	die Eier
het lied	*^{e}t liit*	das Lied
de liederen	*d^e liid^{e}r^e(n)*	die Lieder

Wenn ein Wort bereits in der Einzahl auf **-en** oder auf **-el, -er, -aar, -je** endet, fügt man im Plural ein **-s** an.

de molen	*d^e mool^e(n)*	die Mühle
de molens	*d^e mool^{e}nß*	die Mühlen
de vogel	*d^e vooch^{e}l*	der Vogel
de vogels	*d^e vooch^{e}lß*	die Vögel
de vader	*d^e vaad^{e}r*	der Vater
de vaders	*d^e vaad^{e}rß*	die Väter
de winnaar	*d^e winnaar*	der Gewinner
de winnaars	*d^e winnaarß*	die Gewinner
het huisje	*^{e}t höüsch^e*	das Häuschen
de huisjes	*d^e höüsch^{e}ß*	die Häuschen

Endet ein Wort auf **-a, -i, -o** oder **-u**, wird die Pluralform mit einem Apostroph geschrieben.

de foto	*d^e footoo*	das Foto
de foto's	*d^e footooß*	die Fotos
de auto	*d^e auto(o)*	das Auto
de auto's	*d^e auto(o)ß*	die Autos

Adjektive

Die Grundform der Adjektive wird generell bei Gebrauch als Adverb oder als Ergänzung einer Satzaussage mit „sein“ (z. B. „er ist groß“) verwendet:

Het weer is mooi.
^{e}t weer ißß mooj
Das Wetter ist schön.

Het huis is wat klein.
^{e}t höüß ißß watt kläjn
Das Haus ist etwas klein.

Hij zwemt goed.
häj swämmt ~~ch~~u(u)t
Er schwimmt gut.

De stad is weinig groen.
d^{e} ßtatt ißß wäjn^{e}ch ~~ch~~ru(u)n
die Stadt ist wenig grün
Die Stadt ist nicht sehr grün.

Das Adjektiv erhält die Endung **-e,** wenn es als nähere Bestimmung zu Nomen mit dem bestimmten Artikel oder im Plural steht.

het grote huis
^{e}t chroot^{e} höüß
das große Haus

de nieuwe fiets
d^{e} niiu^{e} fiitß
das neue Fahrrad

de oude vrouw
d^{e} aud^{e} vrau
die alte Frau

een dikke man
^{e}n dikk^{e} mann
ein dicker Mann

In Kombination mit dem unbestimmten Artikel **een** erhalten Adjektive, die Nomen nicht-sächlichen Geschlechts (also die mit dem bestimmten Artikel **de** im Singular) näher bestimmen, ebenfalls die Endung **-e.** Dies gilt aber nicht für sächliche Nomen (also die mit dem bestimmten Artikel **het**) in Kombination mit **een.**

Wenn Nomen sächlichen Geschlechts (die **het**-Wörter) unbestimmt sind, also mit **een**, gewissen anderen Wörtchen oder ganz ohne Artikel stehen, bleibt ein davor stehendes Adjektiv in der Grundform.

mooi weer
mooj weer
schönes Wetter

geen lief kind
~~ch~~een liif kinnt
kein liebes Kind

een groot huis
^{e}n ~~ch~~root höüß
ein großes Haus

ieder klein meisje
iid^{e}r kläjn mäjsch^{e}
jedes kleine Mädchen

Steigern und Vergleichen

Steigerungsformen bildet man mit den Endungen **-er** (1. Stufe) bzw. **-st** (2. Stufe).

rijk	*räjk*	reich
rijker	*räjk^{e}r*	reicher
het rijkst	*^{e}t räjkßt*	am reichsten

klein	*kläjn*	klein
kleiner	*kläjn^{e}r*	kleiner
het kleinst	*^{e}t kläjnßt*	am kleinsten

Falls das Adjektiv auf **-r** endet, wird in der 1. Steigerungsstufe **-der** angehängt.

zwaar	swaar	schwer
zwaarder	*swaard^{e}r*	schwerer
het zwaarst	*^{e}t swaarßt*	am schwersten

Um zu vergleichen, verwendet man **dan** (als).

Jaap is ouder dan Fred.
jaap ißß aud^{e}r dann frätt
Jaap ist älter als Fred.

Geht es um die Gleichwertigkeit, so wird **even ... als ...** oder **net zo ... als ...** verwendet.

Hij is even slim als ik.
häj ißß eev^{e}(n) ßlimm allß ikk
Er ist genauso schlau wie ich.

Rita is net zo aardig als Joost.
riita ißß nätt soo aard^{e}ch allß jooßt
Rita ist ebenso so nett wie Joost
Rita ist genauso nett wie Joost.

Farben

wit	witt	weiß
geel	*c̶heel*	gelb
oranje	*o(o)rannj^{e}*	orange
roze	*rò(ò)s*	rosa
rood	*root*	rot
groen	*c̶hru(u)n*	grün
blauw	*blau*	blau
paars	*paarß*	lila
bruin	*bröün*	braun

grijs	*chräjß*	grau
zwart	*swarrt*	schwarz

In **roze** wird das „o“ wie im Französischen ausgesprochen, also offen und halblang.

Personalpronomen

Bei den Pronomen unterscheidet man betonte und unbetonte Formen. Die betonten (vollständigen) Formen werden am Satzanfang und schriftlich verwendet, während sonst und vor allem in der Umgangssprache die unbetonten (verkürzten) Formen zu hören sind (siehe Kapitel „Unbetonte Pronomen“ auf Seite 27).

Wer?

ik	*ikk*	ich
jij	*jäj*	du
hij	*häj*	er
zij	*säj*	sie (w)
het	*^{e}t*	es

wij	*wäj*	wir
jullie	*jölli(i)*	ihr
zij	*säj*	sie (Pl)
u	*ü(ü)*	Sie

Wen? oder Wem?

mij	*mäj*	mir, mich
jou	*jau*	dir, dich
hem	*hämm*	ihm, ihn
haar	*haar*	ihr, sie
het	*^{e}t*	ihm, es
ons	*onnß*	uns
jullie	*jöllii(i)*	euch
hun	*hönn*	ihnen, sie
u	*ü(ü)*	Ihnen, Sie

So genau wie im Deutschen wird zwischen „dir" und „dich" zum Glück nicht unterschieden. Es gibt nur eine Einheitsform.

Ik geef jou …
ikk ꞓheef jau
Ich gebe dir …

Ik zoek jou.
ikk su(u)k jau
Ich suche dich.

Possessivpronomen

Die Possessivpronomen (besitzanzeigenden Fürwörter) lauten:

mijn	*mäjn*	mein
jouw	*jau*	dein
zijn	*säjn*	sein
haar	*haar*	ihr

onze	*onns^e*	unser
jullie	*jölli(i)*	euer
hun	*hönn*	ihr
uw	*ü(ü)u*	Ihr

Die Endungen der Possessivpronomen verändern sich nicht.

mijn vader	*mäjn vaad^{e}r*	mein Vater
jouw moeder	*jau mu(u)d^{e}r*	deine Mutter
zijn huis	*säjn höüß*	sein Haus
haar ouders	*haar aud^{e}rß*	ihre Eltern
jullie boek	*jölli(i) bu(u)k*	euer Buch
uw auto	*ü(ü)u auto(o)*	Ihr Auto

de vader	*d^e vaad^{e}r*	der Vater
onze vader	*onns^e vaad^{e}r*	unser Vater
de auto	*d^e auto(o)*	das Auto
onze auto	*onns^e auto(o)*	unser Auto
het huis	*^{e}t höüß*	das Haus
ons huis	*onnß höüß*	unser Haus
het boek	*^{e}t bu(u)k*	das Buch
ons boek	*onnß bu(u)k*	unser Buch

Ausnahme: Bei sächlichen Nomen, also denen mit dem bestimmten Artikel **het**, wird **onze** zu **ons** verkürzt.

Unbetonte Pronomen

In der Umgangssprache werden sowohl viele Personalpronomen als auch Possessivpronomen verkürzt. Dann klingt es wie folgt:

ik = ’k	*ik = k*	ich
mij = me	*mäj= m*^{e}	mir, mich
jij = je	*jäj = j*^{e}	du
jou(w) = je	*jau = j*^{e}	dich, dein
hij = ie	*häj = ii*	er
hem = ’em	*hämm =* ^{e}*m*	ihn
zij = ze	*säj = s*^{e}	sie
haar = d’r	*haar = dr*	ihr
het = ’t	^{e}*t = t*	es
mijn = m’n	*mäjn = mn*	mein
wij = we	*wäj = w*^{e}	wir
zijn = z’n	*säjn= sn*	sein

Beispiel:

’t spijt me.
^{e}*t späjt m*^{e}
Es tut mir leid.

Dieses und Jenes

Man unterscheidet zwei Entfernungsgrade: **deze** oder **dit** für Näherliegendes, und **die** oder **dat** für Entfernteres.

Artikel	dieses	jenes
de *d*^{e}	**deze** *dees*^{e}	**die** *dii*
het ^{e}*t*	**dit** *ditt*	**dat** *datt*

Einfach zu merken: Die zu **het** gehörigen Formen **dit** und **dat** enden ebenso auf **-t**.

de moeder	*d^e mu(u)d^{e}r*	die Mutter
deze moeder	*dees^e mu(u)d^{e}r*	diese Mutter
die moeder	*dii mu(u)d^{e}r*	jene Mutter
het kind	*^{e}t kinnt*	das Kind
dit kind	*ditt kinnt*	dieses Kind
dat kind	*datt kinnt*	jenes Kind

Wenn man den niederländischen Artikel eines Nomens kennt, kann man sich so immer die richtige Form erschließen.

Deze vrouw is mijn moeder.
dees^e vrau ißß mäjn mu(u)d^{e}r
Diese Frau ist meine Mutter.

Die man is mijn vader.
dii mann ißß mäjn vaad^{e}r
Jener Mann ist mein Vater.

Dit boek is erg spannend.
ditt bu(u)k ißß ärrch ßpann^{e}nt
Dieses Buch ist sehr spannend.

Dat huis is groot.
datt höüß ißß ~~ch~~root
Jenes Haus ist groß.

Relativpronomen

Die und **dat** werden auch als Relativpronomen verwendet. Wenn das beschriebene Nomen den Artikel **de** hat, wird wie beschrieben **die** verwendet, und bei Nomen mit dem Artikel **het** demnach **dat**.

de stoel, die ik gekocht heb
d^e ßtu(u)l dii ikk ~~ch~~^{e}kocht häpp
der Stuhl, den ich gekauft habe

de jongen, die je geholpen hebt
d^e jong^e(n) dii j^e ~~ch~~^{e}hollp^e(n) häppt
der Junge, dem du geholfen hast

het huis, dat ik gezien heb
ᵉt höüß datt ikk ~~ch~~ᵉsiin häpp
das Haus, das ich gesehen habe

In Relativsätzen, in denen eine Person näher beschrieben wird, gibt es jedoch einige Ausnahmen, z. B. wenn das Relativpronomen auf eine Präposition folgt, verändert sich das **die** zu einem **wie**:

Hier is de man, met wie ik sprak.
hiir ißß dᵉ mann mätt wii ikk ßprakk
Hier ist der Mann, mit dem ich sprach.

Modalverben

Folgende Modalverben sind sehr nützlich und häufig: **kunnen** (können), **moeten** (müssen), **mogen** (dürfen) und **willen** (wollen). Da die Formen unregelmäßig sind, hier eine Tabelle:

Gegenwart

Die Personalpronomen stehen wie im Deutschen vor dem gebeugten Verb.

können	
ik *ikk*	**kan** *kann*
jij, u *jäj, ü*	**kunt** *könnt*
hij, zij *häj, säj*	**kan** *kann*
wij, jullie, zij *wäj, jölli(i), säj*	**kunnen** *könnᵉ(n)*

müssen	
ik *ikk*	**moet** *mu(u)t*
jij, u *jäj, ü*	**moet** *mu(u)t*
hij, zij *häj, säj*	**moet** *mu(u)t*
wij, jullie, zij *wäj, jölli(i), säj*	**moeten** *mu(u)t^e(n)*

dürfen	
ik *ikk*	**mag** *mach*
jij, u *jäj, ü*	**mag** *mach*
hij, zij *häj, säj*	**mag** *mach*
wij, jullie, zij *wäj, jölli(i), säj*	**mogen** *moo~~ch~~^{e}(n)*

wollen	
ik *ikk*	**wil** *will*
jij, u *jäj, ü*	**wilt** *will*
hij, zij *häj, säj*	**wil** *will*
wij, jullie, zij *wäj, jölli(i), säj*	**willen** *will^e(n)*

Wie im Deutschen folgt auf die Modalverben immer ein Verb in der Grundform:

Jij moet hem schrijven.
jäj mu(u)t hämm ßchräjv^e(n)
Du musst ihm schreiben.

Ik wil haar helpen.
ikk will haar hällp^e(n)
Ich will ihr helfen.

Vergangenheit

können	
ik, jij, u, hij, zij *ikk, jäj, ü, häj, säj*	**kon** *konn*
wij, jullie, zij *wäj, jölli(i), säj*	**konden** *konnd^e(n)*

müssen	
ik, jij, u, hij, zij *ikk, jäj, ü, häj, säj*	**moest** *mu(u)ßt*
wij, jullie, zij *wäj, jölli(i), säj*	**moesten** *mu(u)ßt^e(n)*

dürfen	
ik, jij, u, hij, zij *ikk, jäj, ü, häj, säj*	**mocht** *mocht*
wij, jullie, zij *wäj, jölli(i), säj*	**mochten** *mocht^e(n)*

wollen	
ik, jij, u, hij, zij *ikk, jäj, ü, häj, säj*	**wilde / wou** *willd^e / wau*
wij, jullie, zij *wäj, jölli(i), säj*	**wilden** *willd^e(n)*

Ik wilde blijven.
ikk willd^e bläjv^e(n)
Ich wollte bleiben.

Wij moesten drinken.
wäj mu(u)ßt^e(n) drink^e(n)
Wir mussten trinken.

Wortstellung

Bei zusammengesetzten Zeiten und in Nebensätzen kann es vorkommen, dass mehrere Verbformen am Satzende stehen. Die Reihenfolge ist im Vergleich zum Deutschen meist vertauscht.

De vrouw zei dat hij wou komen.
d^{e} vrau säj datt häj wau koom^{e}(n)
die Frau sagte dass er wollte kommen
Die Frau sagte, dass er kommen wollte.

Ik heb haar niet laten gaan.
ikk häpp haar niit laat^{e}(n) chaan
ich habe sie nicht lassen gehen
Ich habe sie nicht gehen lassen.

Sein und Haben

Hier die Formen der unregelmäßigen Verben **hebben** *häbb^{e}(n)* (haben) und **zijn** *säjn* (sein).

Gegenwart

ik ben	*ikk bänn*	ich bin
jij bent	*jäj bännt*	du bist
u bent	*ü(ü) bännt*	Sie sind
hij / zij is	*häj / säj ißß*	er / sie ist
wij zijn	*wäj säjn*	wir sind
jullie zijn	*jölli(i) säjn*	ihr seid
zij zijn	*säj säjn*	sie sind

ik heb	*ikk häpp*	ich habe
jij hebt	*jäj häppt*	du hast
u heeft	*ü(ü) heeft*	Sie haben
hij / zij heeft	*häj / säj heeft*	er / sie hat
wij hebben	*wäj häbbᵉ(n)*	wir haben
jullie hebben	*jölli(i) häbbᵉ(n)*	ihr habt
zij hebben	*säj häbbᵉ(n)*	sie haben

Vergangenheit

ik was	*ikk waßß*	ich war
jij was	*jäj waßß*	du warst
u was	*ü(ü) waßß*	Sie waren
hij / zij was	*häj / säj waßß*	er / sie war
wij waren	*wäj waarᵉ(n)*	wir waren
jullie waren	*jölli(i) waarᵉ(n)*	ihr wart
zij waren	*säj waarᵉ(n)*	sie waren

ik had	*ikk hatt*	ich hatte
jij had	*jäj hatt*	du hattest
u had	*ü(ü) hatt*	Sie hatten
hij / zij had	*häj / säj hatt*	er / sie hatte
wij hadden	*wäj haddᵉ(n)*	wir hatten
jullie hadden	*jölli(i) haddᵉ(n)*	ihr hattet
zij hadden	*säj haddᵉ(n)*	sie hatten

Verben und Zeiten

Verben enden in der Grundform fast immer auf **-en.**

werken	*wärrk^{e}(n)*	arbeiten
zoeken	*su(u)k^{e}(n)*	suchen

Gegenwart

Den Verbstamm erhält man, indem man diese zwei Buchstaben abtrennt. Die Ich-Form entspricht dem Stamm.

ik werk	*ikk wärrk*	ich arbeite
ik zoek	*ikk su(u)k*	ich suche

Auch bei Fragen mit **jij / je** (du) wird der Verbstamm verwendet.

Werk je?	*wärrk j^{e}*	Arbeitest du?
Zoek je?	*su(u)k j^{e}*	Suchst du?

Die Form für „du“ sowie für „er, sie“ und „Sie“ endet auf **-t.**

jij werkt	*jäj wärrkt*	du arbeitest
jij zoekt	*jäj su(u)kt*	du suchst
hij / zij werkt	*häj / säj wärrkt*	er / sie arbeitet
hij / zij zoekt	*häj / säj su(u)kt*	er / sie sucht
u werkt	*ü(ü) wärrkt*	Sie arbeiten
u zoekt	*ü(ü) su(u)kt*	Sie suchen

Die Pluralformen der Gegenwart sind immer mit der Grundform identisch.

wij werken	*wäj wärrk^{e}(n)*	wir arbeiten
wij zoeken	*wäj su(u)k^{e}(n)*	wir suchen
jullie werken	*jölli(i) wärrk^{e}(n)*	ihr arbeitet
jullie zoeken	*jölli(i) su(u)k^{e}(n)*	ihr sucht
zij werken	*säj wärrk^{e}(n)*	sie arbeiten
zij zoeken	*säj su(u)k^{e}(n)*	sie suchen

Hier nochmal alles in einer Übersicht:

werken	*wärrk^{e}(n)*	arbeiten
ik werk	*ikk wärrk*	ich arbeite
jij werkt	*jäj wärrkt*	du arbeitest
u werkt	*ü(ü) wärrkt*	Sie arbeiten
hij / zij werkt	*häj / säj wärrkt*	er / sie arbeitet
wij werken	*wäj wärrk^{e}(n)*	wir arbeiten
jullie werken	*jölli(i) wärrk^{e}(n)*	ihr arbeitet
zij werken	*säj wärrk^{e}(n)*	sie arbeiten

zoeken	*su(u)k^{e}(n)*	suchen
ik zoek	*ikk su(u)k*	ich suche
jij zoekt	*jäj su(u)kt*	du suchst
u zoekt	*ü(ü) su(u)kt*	Sie suchen
hij / zij zoekt	*häj / säj su(u)kt*	er / sie sucht
wij zoeken	*wäj su(u)k^{e}(n)*	wir suchen
jullie zoeken	*jölli(i) suuk^{e}(n)*	ihr sucht
zij zoeken	*säj suukè(n)*	sie suchen

Zukunft

Um sich die Sache möglichst einfach zu machen, kann man die Gegenwartsform mit einem Zeitbegriff verwenden, wenn man etwas Zukünftiges aussagen will, z. B. „Morgen komme ich." Korrekterweise wird die Zukunft mit **zullen** *söll^{e}(n)* (werden) und der Grundform des jeweiligen Verbs gebildet.

ik zal komen	*ikk sall koom^{e}(n)*	Ich werde kommen
jij / u zult komen	*jäj / ü(ü) söllt koom^{e}(n)*	du wirst ...
hij / zij zal komen	*häj / säj sall koom^{e}(n)*	er / sie wird ...
wij zullen komen	*wäj söll^{e}(n) koom^{e}(n)*	wir werden ...
jullie zullen komen	*jölli(i) söll^{e}(n) koom^{e}(n)*	ihr werdet ...
zij zullen komen	*säj söll^{e}(n) koom^{e}(n)*	sie werden ...

Achtung, das niederländische Wort **worden** *worrd^{e}(n)* bedeutet ebenfalls „werden", wird aber nur für die Passivbildung benutzt.

Einfache Vergangenheit (Imperfekt)

Die einfache Vergangenheit wird mit den Endungen **-te** für Einzahl und **-ten** für Mehrzahl gebildet, wenn der Stamm auf einen harten (stimmlosen) Konsonanten **(f, k, s, t, p, x, ch)** auslautet.

werken *wärrk^{e}(n)* – Stamm: **werk-** (k ist hart)		
ik werkte	*ikk wärrkt^{e}*	ich arbeitete
jij werkte	*jäj wärrkt^{e}*	du arbeitetest
u werkte	*ü(ü) wärrkt^{e}*	Sie arbeiteten
hij / zij werkte	*häj / säj wärrkt^{e}*	er / sie arbeitete

wij werkten	*wäj wärrktᵉ(n)*	wir arbeiteten
jullie werkten	*jölli(i) wärrktᵉ(n)*	ihr arbeitetet
zij werkten	*säj wärrktᵉ(n)*	sie arbeiteten

Wenn der Stamm auf einen weichen (stimmhaften) Konsonanten endet, werden stattdessen die Endungen **-de** und **-den** verwendet.

wonen *woonᵉ(n)* – Stamm: **woon-** (n ist weich)		
ik woonde	*ikk woondᵉ*	ich wohnte
jij woonde	*jäj woondᵉ*	du wohntest
u woonde	*ü(ü) woondᵉ*	Sie wohnten
hij / zij woonde	*häj / säj woondᵉ*	er / sie wohnte
wij woonden	*wäj woondᵉ(n)*	wir wohnten
jullie woonden	*jölli(i) woondᵉ(n)*	ihr wohntet
zij woonden	*säj woondᵉ(n)*	sie wohnten

Zusammengesetzte Zeiten

Die vollendete Gegenwart (Perfekt) wird wie im Deutschen mit **hebben** oder **zijn** gebildet (s. Kapitel „Sein und Haben“), worauf das Partizip des Hauptverbs, das in den meisten Fällen die Vorsilbe **ge-** hat, folgt. Die Endung richtet sich danach, ob der Stamm auf einen harten oder weichen Konsonanten endet.

Auch entlehnte Verben, deren Partizipien im Deutschen ja keine Vorsilbe haben, zeigen im Niederländischen dieses **ge-**: **Informeren – geinformeerd** (deutsch: „informieren – informiert“). Lediglich Verben, die in der Grundform und den Beugungsformen bereits eine andere feste Vorsilbe zeigen (z. B. **be-**, **ver-**), haben kein **ge-** im Partizip. Das Partizip bei harten Konsonanten wird gebildet aus **ge-** + Verbstamm + **-t**, bei weichen Konsonanten aus **ge-** + Verbstamm + **-d**.

werken	Stamm: **werk-**	Partizip: **gewerkt**
wonen	Stamm: **woon-**	Partizip: **gewoond**

Perfekt

ik heb gewoond	*ikk häpp ~~ch~~^{e}woont*	ich habe gewohnt
jij / u hebt gewoond	*jäj / ü häppt ~~ch~~^{e}woont*	du hast ...
hij / zij heeft gewoond	*häj / säj heeft ~~ch~~^{e}woont*	er / sie hat ...
wij hebben gewoond	*wäj häbb^{e}(n) ~~ch~~^{e}woont*	wir haben ...
jullie hebben gewoond	*jölli(i) häbb^{e}(n) ~~ch~~^{e}woont*	ihr habt ...
zij hebben gewoond	*säj häbb^{e}(n) ~~ch~~^{e}woont*	sie haben ...

ik ben gekomen	*ikk bänn ~~ch~~^{e}koom^{e}(n)*	ich bin gekommen
jij / u bent gekomen	*jäj / ü bännt ~~ch~~^{e}koom^{e}(n)*	du bist ...
hij / zij is gekomen	*häj / säj ißß ~~ch~~^{e}koom^{e}(n)*	er / sie ist ...
wij zijn gekomen	*wäj säjn ~~ch~~^{e}koom^{e}(n)*	wir sind ...
jullie zijn gekomen	*jölli(i) säjn ~~ch~~^{e}koom^{e}(n)*	ihr seid ...
zij zijn gekomen	*säj säjn ~~ch~~^{e}koom^{e}(n)*	sie sind ...

Im Allgemeinen kann man sagen, dass immer, wenn man im Deutschen Formen von „sein" verwendet, im Niederländischen auch **zijn** sagt, und in allen anderen Fällen eben **hebben**. Eine vollendete Vergangenheit (Plusquamperfekt) gibt es natürlich auch. Sie wird wie das Perfekt gebildet, allerdings mit den Vergangenheitsformen **had / hadden** *hatt / hadd^{e}(n)* bzw. **was / waren** *waßß / waar^{e}(n)*.

Konditional

Die Möglichkeitsform (Konditional) wird mit **zou / zouden** und der Grundform des Verbs gebildet:

ich würde kommen, usw.			
ik	**zou**	**komen**	*ikk sau koom^e(n)*
jij / u	**zou**	**komen**	*jäj / ü sau koom^e(n)*
hij / zij	**zou**	**komen**	*häj / säj sau koom^e(n)*
wij	**zouden**	**komen**	*wäj saud^e(n) koom^e(n)*
jullie	**zouden**	**komen**	*jölli(i) saud^e(n) koom^e(n)*
zij	**zouden**	**komen**	*säj saud^e(n) koom^e(n)*

Passiv

Für das Passiv verwendet man Formen von **worden** (werden):

ich werde gerufen, usw.	
ik word geroepen	*ikk worrt ~~ch~~^{e}ru(u)p^e(n)*
jij / u wordt geroepen	*jäj / ü worrt ~~ch~~^{e}ru(u)p^e(n)*
hij / zij wordt geroepen	*häj / säj worrt ~~ch~~^{e}ru(u)p^e(n)*
wij worden geroepen	*wäj worrd^e(n) ~~ch~~^{e}ru(u)p^e(n)*
jullie worden geroepen	*jölli(i) worrd^e(n) ~~ch~~^{e}ru(u)p^e(n)*
zij worden geroepen	*säj worrd^e(n) ~~ch~~^{e}ru(u)p^e(n)*

Unregelmäßige Verben

Die folgenden Verben haben unregelmäßige Vergangenheitsformen. Angegeben ist immer die Grundform, die einfache Vergangenheit (Imperfekt) und das Partizip. Diese Liste zeigt nur die wichtigsten unregelmäßigen Verben:

backen	**bakken** *bakk^{e}(n)*	**bakte** *bakkt^{e}*	**gebakken** *ch^{e}bakk^{e}(n)*
beginnen	**beginnen** *b^{e}chinn^{e}(n)*	**begon** *b^{e}chonn*	**begonnen** *b^{e}chonn^{e}(n)*
bewegen	**bewegen** *b^{e}weech^{e}(n)*	**bewoog** *b^{e}wooch*	**bewogen** *b^{e}wooch^{e}(n)*
beten	**bidden** *bidd^{e}(n)*	**bad** *batt*	**gebeden** *ch^{e}beed^{e}(n)*
bieten	**bieden** *biid^{e}(n)*	**bood** *boot*	**geboden** *ch^{e}bood^{e}(n)*
beißen	**bijten** *bäjt^{e}(n)*	**beet** *beet*	**gebeten** *ch^{e}beet^{e}(n)*
bleiben	**blijven** *bläjv^{e}(n)*	**bleef** *bleef*	**gebleven** *ch^{e}bleev^{e}(n)*
braten	**braden** *braad^{e}(n)*	**braadde** *braad^{e}*	**gebraden** *ch^{e}braad^{e}(n)*
brechen	**breken** *breek^{e}(n)*	**brak** *brakk*	**gebroken** *ch^{e}brook^{e}(n)*
bringen	**brengen** *bräng^{e}(n)*	**bracht** *bracht*	**gebracht** *ch^{e}bracht*
denken	**denken** *dänk^{e}(n)*	**dacht** *dacht*	**gedacht** *ch^{e}dacht*
tun	**doen** *du(u)n*	**deed** *deet*	**gedaan** *ch^{e}daan*

tragen	**dragen** *draach^e(n)*	**droeg** *dru(u)ch*	**gedragen** *ch^{e}draach^e(n)*
trinken	**drinken** *drink^e(n)*	**dronk** *dronk*	**gedronken** *ch^{e}dronk^e(n)*
essen	**eten** *eet^e(n)*	**at** *att*	**gegeten** *ch^{e}cheet^e(n)*
gehen	**gaan** *chaan*	**ging** *ching*	**gegaan** *ch^{e}chaan*
genießen	**genieten** *ch^{e}niit^e(n)*	**genoot** *ch^{e}noot*	**genoten** *ch^{e}noot^e(n)*
geben	**geven** *cheev^e(n)*	**gaf** *chaff*	**gegeven** *ch^{e}cheev^e(n)*
gießen	**gieten** *chiit^e(n)*	**goot** *choot*	**gegoten** *ch^{e}choot^e(n)*
hängen	**hangen** *hang^e(n)*	**hing** *hing*	**gehangen** *ch^{e}hang^e(n)*
haben	**hebben** *häbb^e(n)*	**had** *hatt*	**gehad** *ch^{e}hatt*
heißen	**heten** *heet^e(n)*	**heette** *heet^e*	**geheten** *ch^{e}heet^e(n)*
halten	**houden** *haud^e(n)*	**hield** *hiilt*	**gehouden** *ch^{e}haud^e(n)*
wählen	**kiezen** *kiis^e(n)*	**koos** *kooß*	**gekozen** *ch^{e}koos^e(n)*
schauen	**kijken** *käjk^e(n)*	**keek** *keek*	**gekeken** *ch^{e}keek^e(n)*
kommen	**komen** *koom^e(n)*	**kwam** *kwamm*	**gekomen** *ch^{e}koom^e(n)*
kaufen	**kopen** *koop^e(n)*	**kocht** *kocht*	**gekocht** *ch^{e}kocht*
bekommen	**krijgen** *kräjch^e(n)*	**kreeg** *kreech*	**gekregen** *ch^{e}kreech^e(n)*

lassen	**laten** *laat^{e}(n)*	**liet** *liit*	**gelaten** *~~ch~~^{e}laat^{e}(n)*
lessen	**lezen** *lees^{e}(n)*	**las** *laßß*	**gelezen** *~~ch~~^{e}lees^{e}(n)*
liegen	**liggen** *li~~ch~~^{e}(n)*	**lag** *lach*	**gelegen** *~~ch~~^{e}lee~~ch~~^{e}(n)*
scheinen	**lijken** *läjk^{e}(n)*	**leek** *leek*	**geleken** *~~ch~~^{e}leek^{e}(n)*
laufen	**lopen** *loop^{e}(n)*	**liep** *liip*	**gelopen** *~~ch~~^{e}loop^{e}(n)*
nehmen	**nemen** *neem^{e}(n)*	**nam** *namm*	**genomen** *~~ch~~^{e}noom^{e}(n)*
raten	**raden** *raad^{e}(n)*	**ried** *riit*	**geraden** *~~ch~~^{e}raad^{e}(n)*
fahren	**rijden** *räjd^{e}(n)*	**reed** *reet*	**gereden** *~~ch~~^{e}reed^{e}(n)*
rufen	**roepen** *ru(u)p^{e}(n)*	**riep** *riip*	**geroepen** *~~ch~~^{e}ru(u)p^{e}(n)*
riechen	**ruiken** *röük^{e}(n)*	**rook** *rook*	**geroken** *~~ch~~^{e}rook^{e}(n)*
schenken	**schenken** *ßchänk^{e}(n)*	**schonk** *ßchonk*	**geschonken** *~~ch~~^{e}ßchonk^{e}(n)*
rasieren	**scheren** *ßcheer^{e}(n)*	**schoor** *ßchoor*	**geschoren** *ch^{e}ßchoor^{e}(n)*
schießen	**schieten** *ßchiit^{e}(n)*	**schoot** *ßchoot*	**geschoten** *~~ch~~^{e}ßchoot^{e}(n)*
scheinen	**schijnen** *ßchäjn^{e}n*	**scheen** *ßcheen*	**geschenen** *~~ch~~^{e}ßcheen^{e}(n)*
schreiben	**schrijven** *ßchräjv^{e}(n)*	**schreef** *ßchreef*	**geschreven** *~~ch~~^{e}ßchreev^{e}(n)*
erschrecken	**schrikken** *ßchrikk^{e}(n)*	**schrok** *ßchrokk*	**geschrokken** *~~ch~~^{e}ßchrokk^{e}(n)*

schlagen	**slaan** *ßlaan*	**sloeg** *ßluuch*	**geslagen** *~~ch~~^{e}ßlaa~~ch~~^{e}(n)*
schlafen	**slapen** *ßlaap^e(n)*	**sliep** *ßliip*	**geslapen** *~~ch~~^{e}ßlaap^e(n)*
schließen	**sluiten** *ßlöüt^e(n)*	**sloot** *ßloot*	**gesloten** *~~ch~~^{e}ßloot^e(n)*
schneiden	**snijden** *ßnäjd^e(n)*	**sneed** *ßneet*	**gesneden** *~~ch~~^{e}ßneed^e(n)*
sprechen	**spreken** *ßpreek^e(n)*	**sprak** *ßprakk*	**gesproken** *~~ch~~^{e}ßprook^e(n)*
springen	**springen** *ßpring^e(n)*	**sprong** *ßprong*	**gesprongen** *~~ch~~^{e}ßprong^e(n)*
stehen	**staan** *ßtaan*	**stond** *ßtonnt*	**gestaan** *~~ch~~^{e}ßtaan*
stehlen	**stelen** *ßteel^e(n)*	**stal** *ßtall*	**gestolen** *~~ch~~^{e}ßtool^e(n)*
sterben	**sterven** *ßtärrv^e(n)*	**stierf** *ßtiirf*	**gestorven** *~~ch~~^{e}ßtorrv^e(n)*
treten	**treden** *treed^e(n)*	**trad** *tratt*	**getreden** *~~ch~~^{e}treed^e(n)*
treffen	**treffen** *träff^e(n)*	**trof** *troff*	**getroffen** *~~ch~~^{e}troff^e(n)*
ziehen	**trekken** *träkk^e(n)*	**trok** *trokk*	**getrokken** *~~ch~~^{e}trokk^e(n)*
fallen	**vallen** *vall^e(n)*	**viel** *viil*	**gevallen** *~~ch~~^{e}vull^e(n)*
fangen	**vangen** *vang^e(n)*	**ving** *ving*	**gevangen** *~~ch~~^{e}vang^e(n)*
fahren (Schiff)	**varen** *vaar^e(n)*	**voer** *vuur*	**gevaren** *~~ch~~^{e}vaar^e(n)*
vergessen	**vergeten** *v^{e}r~~ch~~eet^e(n)*	**vergat** *v^{e}r~~ch~~att*	**vergeten** *v^{e}r~~ch~~eet^e(n)*

verlieren	**verliezen** *v^{e}rliis^{e}(n)*	**verloor** *v^{e}rloor*	**verloren** *v^{e}rloor^{e}(n)*
finden	**vinden** *vinnd^{e}(n)*	**vond** *vonnt*	**gevonden** *~~ch~~^{e}vonnd^{e}(n)*
fragen	**vragen** *vraa~~ch~~^{e}(n)*	**vroeg** *vruuch*	**gevraagd** *~~ch~~^{e}vraacht*
frieren	**vriezen** *vriis^{e}(n)*	**vroor** *vroor*	**gevroren** *~~ch~~^{e}vroor^{e}(n)*
waschen	**wassen** *waßß^{e}(n)*	**waste** *waßßt^{e}*	**gewassen** *~~ch~~^{e}waßß^{e}(n)*
werfen	**werpen** *wärrp^{e}(n)*	**wierp** *wiirp*	**geworpen** *~~ch~~^{e}worrp^{e}(n)*
zeigen	**wijzen** *wäjs^{e}(n)*	**wees** *weeß*	**gewezen** *~~ch~~^{e}wees^{e}(n)*
gewinnen	**winnen** *winn^{e}(n)*	**won** *wonn*	**gewonnen** *~~ch~~^{e}wonn^{e}(n)*
warden	**worden** *worrd^{e}(n)*	**werd** *wärrt*	**geworden** *~~ch~~^{e}worrd^{e}(n)*
sagen	**zeggen** *sä~~ch~~^{e}(n)*	**zei** *säj*	**gezegd** *~~ch~~^{e}sächt*
senden	**zenden** *sännd^{e}(n)*	**zond** *sonnt*	**gezonden** *~~ch~~^{e}sonnd^{e}(n)*
sein	**zijn** *säjn*	**was** *waßß*	**geweest** *~~ch~~^{e}weeßt*
singen	**zingen** *sing^{e}(n)*	**zong** *song*	**gezongen** *~~ch~~^{e}song^{e}(n)*
sitzen	**zitten** *sitt^{e}(n)*	**zat** *satt*	**gezeten** *~~ch~~^{e}seet^{e}(n)*
suchen	**zoeken** *su(u)k^{e}(n)*	**zocht** *socht*	**gezocht** *~~ch~~^{e}socht*
schwimmen	**zwemmen** *swämm^{e}(n)*	**zwom** *swomm*	**gezwommen** *~~ch~~^{e}swomm^{e}(n)*

Präpositionen und Fälle

Eine gute Nachricht: Im Niederländischen haben die Fälle kaum Bedeutung. Nomen und Adjektive werden nicht gebeugt. Dort, wo man im Deutschen den 2. Fall anwendet (z. B. „des Vaters"), wird im Niederländischen **van de vader**, also „von dem Vater", gesagt.

Was die Pronomen anbelangt, so existiert für den 3. und 4. Fall nur eine Einheitsform neben der Grundform. Diese finden Sie im Kapitel „Personalpronomen".

Hier nun eine Liste der wichtigsten Präpositionen.

aan	*aan*	an
op	*opp*	auf
uit	*öüt*	aus
buiten	*böüt^e(n)*	außer
bij	*bäj*	bei
tot	*tott*	bis
door	*door*	durch
voor	*voor*	für
tegen	*teech^e(n)*	gegen
achter	*acht^{e}r*	hinter
in	*inn*	in
met	*mätt*	mit
naar, na	*naar, naa*	nach
dichtbij	*dichtbäj*	nahe
naast	*naaßt*	neben
zonder	*sonnd^{e}r*	ohne
in plaats van	*inn plaatß vann*	statt
over	*oov^{e}r*	über
om	*omm*	um

onder	*onnd^{e}r*	unter
van	*vann*	von
voor	*voor*	vor, für
gedurende	*~~ch~~^{e}düür^{e}nd^e*	während
vanwege	*vannwee~~ch~~^{e}*	wegen
te	*t^e*	zu
tussen	*tößß^e(n)*	zwischen

met de auto	**zonder de auto**	**vanwege de auto**
mätt d^e auto(o)	*sonnd^{e}r d^e auto(o)*	*vannwee~~ch~~^{e} d^e auto(o)*
mit dem Auto	ohne das Auto	wegen des Autos

Konjunktionen

Die Konjunktionen (Bindewörter) werden wie im Deutschen verwendet. Ich empfehle allerdings für den Anfang, zunächst möglichst kurze Sätze zu bilden. Wenden Sie die komplizierteren Konstruktionen lieber erst bei mehr Übung an.

maar	*maar*	aber
of	*off*	ob; oder
toen	*tuun*	als
dan	*dann*	als (vergleichend)
hoewel	*hu(u)wäll*	obwohl
dus	*dößß*	also
ook	*ook*	auch
zonder te	*sonnd^{e}r t^e*	ohne zu
voor (dat)	*voor (datt)*	bevor
sinds	*ßinntß*	seit

tot	*tott*	bis
zo	*soo*	so
daarmee	*daarmee*	damit
om te	*omm tᵉ*	um zu
dat	*datt*	dass
en	*änn*	und
of ... of ...	*off ... off ...*	entweder ... oder ...
terwijl	*tärrwäjl*	während
tenzij	*tännsäj*	es sei denn
noch ... noch ...	*noch ... noch ...*	weder ... noch ...
indien	*inndiin*	falls, wenn
omdat	*ommdatt*	weil
nadat	*naadatt*	nachdem
als	*allß*	wenn

Hier einige Beispiele, wie man die wichtigsten Konjunktionen verwenden kann.

dat *datt* (dass)

Ik hoop dat ik niet stoor.
ikk hoop datt ikk niit ßtoor
Ich hoffe, dass ich nicht störe.

en *änn* (und)

Ik wil naar Amsterdam reizen en moet nog een kaartje kopen.
ikk will naar ammßtᵉrdamm räjsᵉ(n) änn mu(u)t noch ᵉn kaartchᵉ koopᵉ(n)
ich will nach Amsterdam reisen und muss noch ein Kärtchen kaufen
Ich will nach Amsterdam fahren und muss noch eine Fahrkarte kaufen.

of *off* (oder)

Wenst u een eenpersoonskamer of een tweepersoonskamer?
wännßt ü(ü) ^{e}n eenpärrßoonßkaam^{e}r off ^{e}n tweepärrßoonßkaam^{e}r
wünschen Sie ein Einpersonenzimmer oder ein Zweipersonenzimmer
Möchten Sie ein Einzelzimmer oder ein Doppelzimmer?

om ... te ... *omm ... t^{e} ...* (um ... zu ...)

Hij gaat naar de boekwinkel om een woordenboek te kopen.
häj ~~ch~~aat naar d^{e} bu(u)kwink^{e}l omm ^{e}n woord^{e}nbu(u)k t^{e} koop^{e}(n)
er geht nach der Buchladen um ein Wörterbuch zu kaufen
Er geht in eine Buchhandlung, um ein Wörterbuch zu kaufen.

maar *maar* (aber)

Hij was ziek, maar ik niet.
häj waßß siik maar ikk niit
Er war krank, aber ich nicht.

toen *tuun* (als)

Ik ben iedere dag aan het strand geweest,
toen ik in Nederland was.
ikk bänn iid^{e}r^{e} dach aan ^{e}t ßtrannt ~~ch~~^{e}weeßt
tuun ikk inn need^{e}rlannt waßß
Ich bin jeden Tag am Strand gewesen,
als ich in den Niederlanden war.

als *allß* (wenn)

Ik vind het heerlijk als het niet regent.
ikk vinnt ^{e}t heerl^{e}k allß ^{e}t niit ree~~ch~~^{e}nt
Ich finde es herrlich, wenn es nicht regnet.

Sonstige kurze Wörter

Folgende häufig vorkommenden Wörter sollte man sich gut einprägen.

alle, al de, allemaal	*all^e, all d^e, all^{e}maal*	alle
iemand	*iimannt*	jemand
alles	*all^{e}ß*	alles
men, ze, je	*männ, s^e, j^e*	man
daaraan, eraan	*daaraan, ärraan*	daran
sommige	*ßomm^e~~ch~~^{e}*	manche
daarin, erin	*daarinn, ärrinn*	darin
niets, niks	*niitß, nikkß*	nichts
hetzelfde	*^{e}dsällvd^e*	dasselbe
niemand	*niimannt*	niemand
dezelfde	*d^{e}sällvd^e*	derselbe
zelf	*sällf*	selber
enkele, enige	*ännk^{e}l^e, een^e~~ch~~^{e}*	einige
zelfs	*sällfß*	sogar
iets, wat	*iitß, watt*	etwas
zo'n	*soon*	solch ein (-e)
een of andere	*een off annd^{e}r^e*	irgendein
verschillende	*v^{e}rßchill^{e}nd^e*	verschiedene
elk, ieder	*ällk, iid^{e}r*	jede (-r, -s)
veel, vele	*veel, veel^e*	viele
iedereen	*iid^{e}reen*	jedermann
weinige	*wäjn^e~~ch~~^{e}*	wenige

Fragen

Man unterscheidet wie im Deutschen zwischen Ergänzungs- und Entscheidungsfragen.

Ergänzungsfragen

Ergänzungsfragen werden mit Hilfe von konkreten Fragewörtern gebildet. Die Antwort ist ein vollständiger Satz.

wie?	*wii*	wer?, wen?
wat?	*watt*	was?
welk(e)?	*wällk(ᵉ)*	welche?
hoe?	*huu*	wie?
waarom?	*waaromm*	warum?
wanneer?	*wanneer*	wann?
waar?	*waar*	wo?
waar vandaan?	*waar vanndaan*	woher?
waar naar toe?	*waar naar tuu*	wohin?
hoeveel / -vele?	*huveel(ᵉ)*	wie viel(e)?

Hier einige Beispiele für typische Fragesätze mit möglichen Antworten.

Wie is dit?
wii ißß ditt
Wer ist das?

Dit is mijn vriendin.
ditt ißß mäjn vriindinn
Das ist meine Freundin.

Hoe heet je / u?
huu heet jᵉ / ü(ü)
Wie heißt du/heißen Sie?

Ik heet O'Niel.
ikk heet ooniil
Ich heiße O'Niel.

Waar kom je / komt u vandan?

waar komm j^e / kommt ü(ü) vanndaan

Wo kommst du / kommen Sie her?

Ik kom uit Duitsland.

ikk komm öüt döütßlannt

Ich komme aus Deutschland.

Waar wonen jullie?

waar woon^e(n) jölli(i)

Wo wohnt ihr?

We wonen in Amsterdam.

w^e woon^e(n) inn ammßt^{e}rdamm

Wir wohnen in Amsterdam.

Wanneer ontmoeten we elkaar?

wanneer onntmu(u)t^e(n) w^e ällkaar

Wann treffen wir uns?

Om negen uur.

omm neech^{e}n üür

Um neun Uhr.

Wat betekent „melk"?

watt b^{e}teek^{e}nt mällk

Was bedeutet „melk"?

Dat is „Milch".

datt ißß milch

Das heißt „Milch".

Wenn man keine Antwort parat hat:

Ik weet het niet.

ikk weet ^{e}t niit

Ich weiß nicht.

Entscheidungsfragen

Auf Entscheidungsfragen kann man praktisch nur mit **ja** (ja) oder **nee** (nein) antworten. Sie werden ohne Fragewörter gebildet und sind wie im Deutschen aufgebaut:

ja – nee	*jaa – nee*	ja – nein
niet – geen	*niit – ~~ch~~een*	nicht – kein

Ein Nomen verneint man mit **geen** (kein), und einen Satz mit **niet** (nicht).

Wil je ook een kopje?
will j^{e} ook ^{e}n koppj^{e}
Willst du auch eine Tasse?

Ja, heel graag.
jaa heel chraach
Ja, ganz gerne.

Verkoopt u ook eieren?
v^{e}rkoopt ü(ü) ook äj^{e}r^{e}(n)
Verkaufen Sie auch Eier?

Eigenlijk niet.
äj~~ch~~^{e}nl^{e}k niit
Eigentlich nicht.

Mag ik uw telefoon gebruiken?
mach ikk ü(ü)u teel^{e}foon ~~ch~~^{e}bröük^{e}(n)
Darf ich Ihr Telefon benutzen?

Natuurlijk.
nattüürl^{e}k
Natürlich.

Je werkt morgen.
j^{e} wärrkt morr~~ch~~^{e}(n)
Du arbeitest morgen.

Werk je morgen?
wärrk j^{e} morr~~ch~~^{e}(n)
Arbeitest du morgen?

Wenn **je / jij** (du) nach dem Verb steht, entfällt dessen Personenendung **-t**.

Ik heb geen geld.
ikk häpp ~~ch~~een ~~ch~~ällt
Ich habe kein Geld.

Ik begrijp niet wat je wilt.
ikk b^{e}chräjp niit watt j^{e} willt
Ich verstehe nicht, was du willst.

Zahlen

Die Zahlen klingen teilweise wie im Englischen.

1	**een**	*een*
2	**twee**	*twee*
3	**drie**	*drii*
4	**vier**	*viir*
5	**vijf**	*väjf*
6	**zes**	*säßß*
7	**zeven**	*seev^{e}(n)*
8	**acht**	*acht*
9	**negen**	*nee~~ch~~^{e}(n)*
10	**tien**	*tiin*
11	**elf**	*ällf*
12	**twaalf**	*twaalf*
13	**dertien**	*därrtiin*
14	**veertien**	*veertiin*
15	**vijftien**	*väjftiin*
16	**zestien**	*säßßtiin*
17	**zeventien**	*seev^{e}ntiin*
18	**achttien**	*achtiin*
19	**negentien**	*nee~~ch~~^{e}ntiin*
20	**twintig**	*twinnt^{e}ch*

21	**eenentwintig**	*een^{e}ntwinnt^{e}ch*
22	**tweeëntwintig**	*twee^{e}ntwinnt^{e}ch*
23	**drieëntwintig**	*drii^{e}ntwinnt^{e}ch*
24	**vierentwintig**	*viir^{e}ntwinnt^{e}ch*
30	**dertig**	*därrt^{e}ch*
40	**veertig**	*veert^{e}ch*
50	**vijftig**	*väjft^{e}ch*
60	**zestig**	*säßßt^{e}ch*
70	**zeventig**	*seev^{e}nt^{e}ch*
80	**tachtig**	*tacht^{e}ch*
90	**negentig**	*nee~~ch~~^{e}nt^{e}ch*

100	**honderd**	*honnd^{e}rt*
101	**honderdeen**	*honnd^{e}rdeen*
200	**tweehonderd**	*tweehonnd^{e}rt*
300	**driehonderd**	*driihonnd^{e}rt*
1000	**duizend**	*döüs^{e}nt*
2000	**tweeduizend**	*tweedöüs^{e}nt*
10000	**tienduizend**	*tiindöüs^{e}nt*
1 Mio.	**een miljoen**	*een milljuun*

1/2	**een half**	*een hallf*
1/3	**een derde**	*een därrd^{e}*
1/4	**een kwart**	*een kwarrt*

negentieneenennegentig

nee~~ch~~^{e}ntiin een^{e}nee~~ch~~^{e}nt^{e}ch

1991

Ordnungszahlen

1.	**eerste**	*eerßt^{e}*
2.	**tweede**	*tweed^{e}*
3.	**derde**	*därrd^{e}*
4.	**vierde**	*viird^{e}*
5.	**vijfde**	*väjfd^{e}*
6.	**zesde**	*säsd^{e}*
7.	**zevende**	*seev^{e}nd^{e}*
8.	**achtste**	*achßt^{e}*
9.	**negende**	*nee~~ch~~^{e}nd^{e}*
10.	**tiende**	*tiind^{e}*
11.	**elfde**	*ällvd^{e}*
12.	**twaalfde**	*twaalvd^{e}*
13.	**dertiende**	*därrtiind^{e}*
20.	**twintigste**	*twinnt^{e}chßt^{e}*
30.	**dertiqste**	*därrt^{e}chßt^{e}*
100.	**honderdste**	*honnd^{e}rtßt^{e}*

Zeitangaben

Allgemeine Zeitangaben

's morgens	*ßmorr~~ch~~^{e}nß*	am Morgen
's middags	*ßmiddachß*	vormittags
overdag	*oov^{e}rdach*	tagsüber
's avonds	*ßaav^{e}ntß*	abends
's nachts	*ßnachtß*	nachts

eergisteren	*eerchißt^{e}r^{e}(n)*	vorgestern
gisteren	*chißt^{e}r^{e}(n)*	gestern
vandaag	*vanndaach*	heute
morgen	*morrch^{e}(n)*	morgen
overmorgen	*oov^{e}rmorrch^{e}(n)*	übermorgen

een week geleden	*een week ch^{e}leed^{e}(n)*	vor einer Woche
deze week	*dees^{e} week*	diese Woche
dagelijks	*daach^{e}l^{e}kß*	täglich
binnen een week	*binn^{e}(n) een week*	innerhalb einer Woche
over een maand	*oov^{e}r een maant*	in einem Monat
volgend jaar	*vollch^{e}nt jaar*	nächstes Jahr

Wochentage

maandag	*maandach*	Montag
dinsdag	*dinnßdach*	Dienstag
woensdag	*wuunßdach*	Mittwoch
donderdag	*donnd^{e}rdach*	Donnerstag
vrijdag	*vräjdach*	Freitag
zaterdag	*saat^{e}rdach*	Samstag
zondag	*sonndach*	Sonntag
feestdag	*feeßtdach*	Feiertag

Monate

januari	*janü(ü)aari(i)*	Januar
februari	*f^{e}(^{e})brü(ü)aari(i)*	Februar
maart	*maart*	März

april	*aprill*	April
mei	*mäj*	Mai
juni	*jüüni(i)*	Juni
juli	*jüüli(i)*	Juli
augustus	*auchößßtößß*	August
september	*ßäpptämmb^{e}r*	September
oktober	*okktoob^{e}r*	Oktober
november	*no(o)vämmb^{e}r*	November
december	*d^e(^{e})ßämmb^{e}r*	Dezember

Jahreszeiten

voorjaar, lente	*voorjaar, lännt^e*	Frühling
zomer	*soom^{e}r*	Sommer
herfst, najaar	*härrfßt, naajaar*	Herbst
winter	*winnt^{e}r*	Winter

Feiertage

koningsdag	*kooningsdach*	Geburtstag des Königs (27. 4.)
bevrijdingsdag	*b^{e}vräjdingßdach*	Befreiungstag (5. Mai)

Außerdem wie bei uns:

nieuwjaarsdag	*niiujaarßdach*	Neujahr
Pasen	*paaß^e(n)*	Ostern
Hemelvaartsdag	*heem^{e}lvaartßtdach*	Christi Himmelfahrt
Pinksteren	*pinkßt^{e}r^e(n)*	Pfingsten
Kerstmis	*kärrßtmißß*	Weihnachten

Diese Feiertage gelten für die Niederlande. In Belgien gibt es noch andere gesetzliche Feiertage. Der niederländische Nationalfeiertag liegt erst seit 2014 auf dem 27. April, bedingt durch den Thronantritt des neuen Königs Willem Alexander. Zuvor wurde er am 30. April begangen und hieß **koninginnendag** *koon^{e}c̶hinn^{e}(n)dach* „Königinnentag“. Dies war aber nicht der Geburtstag von Königin Beatrix, sondern der ihrer Mutter und Vorgängerin, Königin Juliana.

Uhrzeit

Nach der Uhrzeit fragt man wie folgt:

Hoe laat is het?
huu laat ißß ^{e}t
Wie spät ist es?

Het is te laat / vroeg.
^{e}t ißß t^{e} laat / vruuch
Es ist zu spät / früh.

Het is vijf uur.
^{e}t ißß väjf üür
Es ist fünf Uhr.

Het is tien over vijf.
^{e}t ißß tiin oov^{e}r väjf
Es ist zehn nach fünf.

Het is kwart over vijf.
^{e}t ißß kwarrt oov^{e}r väjf
Es ist Viertel nach fünf.

Het is kwart voor vijf.
^{e}t ißß kwarrt voor väjf
Es ist Viertel vor fünf.

Het is half vijf.
^{e}t ißß hallf väjf
Es ist halb fünf.

Het is vijf voor zes.
^{e}t ißß väjf voor säßß
Es ist fünf vor sechs.

Hoe laat?
huu laat
Um wie viel Uhr?

Wanneer?
wanneer
Wann?

Om drie uur.
omm drii üür
Um drei Uhr.

Van twee tot drie.
vann twee tott drii
Von zwei bis drei.

Tussen acht en negen uur.
tößß^{e}(n) acht änn nee~~ch~~^{e}n üür
Zwischen acht und neun Uhr.

Over twee uur.
oov^{e}r twee üür
In zwei Stunden.

vijf minuten geleden
väjf mi(i)nüüt^{e}(n) ~~ch~~^{e}leed^{e}(n)
vor fünf Minuten

om het half uur
omm ^{e}t hallf üür
alle halbe Stunde

ieder uur / elk uur
iid^{e}r üür / ällk üür
jede Stunde

over een uur
oov^{e}r een üür
in einer Stunde

Sinds wanneer?
ßinntß wanneer
Seit wann?

Sinds een half uur.
ßinntß een hallf üür
Seit einer halben Stunde.

Sinds zes uur.
ßinntß säßß üür
Seit sechs Uhr.

Sinds drie dagen.
ßinntß daa~~ch~~^{e}(n)
Seit drei Tagen.

Hoe lang?
huu lang
Wie lange?

Vier uur lang.
viir üür lang
Vier Stunden lang.

Niederländisch sprechen

Die Niederlande, besonders Amsterdam, haben im Ausland den Ruf, besonders tolerant, weltoffen und modern zu sein. Das ist sicherlich nicht falsch. Man sollte sich aber im Klaren sein, dass der sogenannte „Party-Tourismus" den Einwohnern zum Großteil gehörig auf die Nerven geht. Mehr dazu im Kapitel „Alltag in den Niederlanden" auf Seite 64. Zeigen Sie Ihr Interesse an der Kultur und legen Sie denselben „Anstand" an den Tag, der auch in Deutschland angemessen ist, und Sie werden ein gern gesehener Gast sein.

Wörter, die weiterhelfen

Zur ersten Orientierung sind die folgenden Formulierungen hilfreich.

Ik zou graag ... willen. (Ich möchte ...)

Ik zou graag koffie willen.
ikk sau chraach koffi(i) will^e(n)
ich würde gerne Kaffee wollen
Ich möchte einen Kaffee.

Ik zou graag een ijsje willen.
ikk sau chraach ^{e}n äjsch^e will^{e}n
ich würde gerne ein Eischen wollen
Ich möchte ein Eis.

Ik zou graag een koffie verkeerd willen.
ikk sau chraach ^{e}n koffi(i) v^{e}rkeert will^{e}n
ich würde gerne ein Kaffee falsch wollen
Ich möchte einen Milchkaffee.

Waar is … ? (Wo ist … ?)

Waar is een garage, alstublieft?
waar ißß ^{e}n charraash^{e} aßßtübliift
wo ist eine Garage wie-es-Ihnen-beliebt
Wo ist hier eine Werkstatt, bitte?

Waar is het postkantoor, alstublieft?
waar ißß ^{e}t poßßtkantoor aßßtübliift
wo ist das Postbüro wie-es-Ihnen-beliebt
Wo ist die Post, bitte?

Waar is het toilet, alsjeblieft?
waar ißß ^{e}t twa(a)lätt aßßj^{e}bliift
wo ist die Toilette wie-es-dir-beliebt
Wo ist die Toilette, bitte?

Man achte dann genau auf die Handbewegungen und auf folgende Richtungsangaben:

naar rechts / rechtsaf	*naar rächtß / rächtßaff*	nach rechts
naar links / linksaf	*naar linkß / linkßaff*	nach links
rechtdoor	*rächtdoor*	geradeaus

Heeft u ... ? (Haben Sie ... ?)

Heeft u een kamer vrij?
heeft ü(ü) ^{e}n kaam^{e}r vräj
Haben Sie ein Zimmer frei?

Hier wird man als Antwort **ja** oder **nee** (nein) bekommen.

Heeft u briefkaarten?
heeft ü(ü) briifkaart^e(n)
Haben Sie Postkarten?

Heeft u postzegels?
heeft ü(ü) poßßtsee~~ch~~^{e}lßx
Haben Sie Briefmarken?

Beim Bedanken kommt es darauf an, ob man sich duzt oder siezt.

Dank u wel!
dank ü wäll
danke Ihnen gut
Danke!

Dank je wel!
dank j^e wäll
danke dir gut
Danke!

Alltag in den Niederlanden

Das Leben einer niederländischen Familie auf dem Land spielt sich viel im Haus ab. Natürlich muss das nicht immer so sein. Aber das oft trübe, regnerische Wetter lädt nicht dazu ein, sich viel draußen aufzuhalten. Auch sonst gehen viele Niederländer nicht sehr oft aus. Wenn Freunde oder Bekannte eingeladen werden, dann eher nach Hause als in eine Gaststätte.

Ist man nachmittags zum Tee eingeladen, dann wird meist kein großer Aufstand daraus gemacht. Es gibt vielleicht ein paar Plätzchen, aber im Allgemeinen ist es üblich, nach spätestens einer Stunde wieder zu gehen. Genauso ist es morgens beim Kaffeetrinken. Unter guten Freunden, bei Geburtstagen oder ähnlichen Gelegenheiten sitzt man allerdings, wie bei uns auch, länger zusammen.

In der Großstadt sieht es anders aus. Hier gibt es viele Cafés und Clubs, wo man sich zwanglos trifft. Die Stadt Amsterdam hat allerdings viele Anstrengungen unternommen, um die Auswirkungen (um nicht zu sagen Auswüchse) des „Party-Tourismus" zu verringern. In Amsterdam ist nicht nur das „Wildpinkeln", sondern auch der Konsum von Alkohol und Cannabis auf offener Straße verboten.

Neben den vielen modernen und liberalen Niederländern gibt es auch eine ziemlich große Gruppe von strenggläubigen Calvinisten. Diese leben hauptsächlich in einem ländlich geprägten „Bibelgürtel" in der Mitte des Landes. Hier wird der Sonntag noch geheiligt und Freizeitvergnügen (einschließlich Fernsehen!) gelten oft als Sünde.

Anrede

Die Anrede älteren Leuten gegenüber ist **mevrouw** *m^e^vrau* (meine Dame) oder **meneer** *m^e^neer* (mein Herr). Sonst werden diese Anredeformen kaum noch gebraucht.

Die höfliche Anrede im Niederländischen lautet **u** *ü(ü)* (wird offiziell nur noch in der Bibel groß geschrieben) und gilt für eine oder mehrere Personen. Dem deutschen „du" und „ihr" entsprechen **je** *j^e^* und **jullie** *jölli(i)*. Im Allgemeinen werden Leute geduzt, die man auch im Deutschen duzen würde, z. B. Kinder, Freunde,

Bekannte oder Kollegen. Je nachdem, in welchem Personenkreis man sich befindet, kann ein zu schnelles vertrautes „du“ auch als unpassend empfunden werden.

Wie schon im Kapitel „Fragen“ auf Seite 51 erwähnt, entfällt die Personenendung **-t**, wenn **je** *je* oder **jij** *jäj* nach dem Verb steht. Wenn man also in einem Satz „du“ durch „Sie“ austauschen möchte, muss in Fragen und Aufforderungen noch die Verb-Endung **-t** hinzugefügt werden.

Zum Beispiel:

Wat zeg je?
watt säch je
Was sagst du?

Wat zegt u?
watt sächt ü(ü)
Was sagen Sie?

Spreek je Duits?
ßpreek je döütß
Sprichst du Deutsch?

Spreekt u Duits?
ßpreekt ü(ü) döütß
Sprechen Sie Deutsch?

Kijk eens!
käjk eenß
Schau mal!

Kijkt u eens!
käjkt ü(ü) eenß
Schauen Sie mal!

Blijf maar!
bläjf maar
Bleib nur!

Blijft u maar!
bläjft ü(ü) maar
Bleiben Sie nur!

Hier ist eine Liste der wichtigsten Wörter, die man austauschen muss, unter anderem auch einige Hilfsverben:

du

je, jij	*j^e, jäj*	du
jouw	*jau*	dein
alsjeblieft	*aßßj^{e}bliift*	bitte
dank je	*dank j^e*	danke
kan je?	*kann j^e*	kannst du?
zal je?	*sall j^e*	wirst du?

Sie

u	*ü(ü)*	du / Sie
uw	*ü(ü)u*	dein / Ihr
alstublieft	*aßßtübliift*	bitte
dank u	*dank ü(ü)*	danke
kunt u?	*könnt ü(ü)*	kannst du / Sie?
zult u?	*söllt ü(ü)*	wirst du / Sie?

Begrüßen und Verabschieden

Hier sind die wichtigsten Begrüßungs- und Verabschiedungsfloskeln zusammengefasst.

Begrüßung

Goedemorgen!	*~~ch~~u(u)j^{e}morr~~ch~~^{e}(n)*	Guten Morgen!
Goedendag!	*~~ch~~u(u)j^{e}ndach*	Guten Tag!
Goedemiddag!	*~~ch~~u(u)j^{e}middach*	Guten (Mit-)Tag!
Goedenavond!	*~~ch~~u(u)j^{e}naav^{e}nt*	Guten Abend!
Goedenacht!	*~~ch~~u(u)j^{e}nacht*	Gute Nacht!

Goede middag! sagt man zur Begrüßung um die Mittagszeit und am Nachmittag.

Es gibt einen Ausdruck, der sowohl zur Begrüßung als auch zum Abschied benutzt wird: **Dag!** *dach*. Das heißt eigentlich „Tag“, bedeutet aber „Hallo“ und auch „Tschüss“.

Hoe is het met je?
huu ißß ^{e}t mätt j^{e}
wie ist es mit dir
Wie geht es dir?

Hoe gaat het?
huu chaat ^{e}t
Wie geht’s?

Dank je wel.
dank j^{e} wäll
Danke gut.

En met jou?
änn mätt jau
Und dir?

Dieses Kapitel zum Anhören: siehe Seite 160

Hoe was het vandaag?
huu waßß ^{e}t vanndaach
Wie war es heute?

Niets bijzonders.
niitß bi(i)sonnd^{e}rß
Nichts besonderes.

Alles goed?
all^{e}ß chu(u)t
alles gut
Alles in Ordnung?

Abschied

Dag *dach* kann eben auch zum Abschied gesagt werden. Andere Möglichkeiten sind:

Ik moet nu helaas weggaan.
ikk mu(u)t nü(ü) h^{e}(^{e})laaß wä~~ch~~~~ch~~aan
Ich muss jetzt leider gehen.

Doei!
duuj
Tschüss!

Groet … van mij!
~~ch~~ru(u)t … vann mäj
Grüß … von mir!

Goede reis!
~~ch~~u(u)j^{e} räjß
Gute Reise!

Tot ziens!
tott ßiinß
Auf Wiedersehen!

Tot gauw!
tott ~~ch~~au
Bis bald!

Welterusten!
wällt^{e}rößßt^{e}(n)
Gute Nacht!

Tot morgen!
tott morr~~ch~~^{e}(n)
Bis morgen!

Welterusten! ist zusammengezogen aus dem Ausdruck **wel te rusten**, was wörtlich „gut auszuruhen“ bedeutet.

Bitte und Danke

Bei „danke“ und „bitte“ wird im Niederländischen ein Unterschied gemacht, je nachdem, ob man die angesprochene Person duzt oder siezt.

du	**Sie**
Dank je wel.	**Dank u wel.**
dank j^{e} wäll	*dank ü wäll*
Alsjeblieft.	**Alstublieft.**
aßßj^{e}bliift	*aßßtübliift*

Dank je / u wel heißt wörtlich „dank dir / Ihnen gut“; das **wel** kann dabei auch entfallen.

Alstublieft ist zusammengezogen aus **als het u belieft**, was so viel wie „wenn es Ihnen beliebt“ bedeutet. Es handelt sich um eine wörtliche Übertragung („Lehnübersetzung“) des französischen „s’il vous plaît“.

Geen dank!
~~ch~~een dank
kein Dank
Keine Ursache!

Graag gedaan!
~~ch~~raach ~~ch~~^{e}daan
gern getan
Gern geschehen!

Hartelijk dank!
harrt^{e}l^{e}k dank
herzlichen Dank
Vielen Dank!

Floskeln und Redewendungen

Einige Floskeln sollte man einfach parat haben, hier eine Auswahl der wichtigsten:

Neemt u mij niet kwalijk.
neemt ü(ü) mäj niit kwaal^{e}k
nehmen Sie mir nicht übel
Entschuldigung!

Dat spijt me.
datt ßpäjt m^{e}
Das tut mir Leid.

Het was niet zo bedoeld.
^{e}t waßß niit soo b^{e}du(u)lt
Es war nicht so gemeint.

Het beste!
^{e}t bäßßt^{e}
das beste
Alles Gute!

Hartelijk gefeliciteerd!
harrt^{e}l^{e}k ~~ch~~^{e}f^{e}(^{e})li(i)ßi(i)teert
herzlich gratuliert
Herzlichen Glückwunsch!

Beterschap!
beet^{e}rß~~ch~~app
Besserung
Gute Besserung!

Pardon!
parrdonn
Entschuldigung!

Dieses Kapitel zum Anhören: siehe Seite 160

Eet smakelijk!
eet ßmaak^{e}l^{e}k
iss schmackhaft
Guten Appetit!

Kom binnen!
komm binn^{e}(n)
Komm herein!

Is er wat?
ißß ärr watt
Ist was?

Wat is er?
watt ißß ärr
Was ist los?

Das Wörtchen **er** hat in der Regel keine konkrete Bedeutung, sondern ist mit dem deutschen „da" in „Was ist da los?" vergleichbar. Es wird aber weit häufiger als im Deutschen verwendet und ist in gewissen Satzarten grammatikalisch erforderlich.

Hoor („höre") wird in kurzen Antworten als reines Füllwort gebraucht.

Ja hoor.
jaa hoor
Ja.

Nee hoor.
nee hoor
Nein.

Goed hoor.
chu(u)t hoor
Gut.

Moet je kijken!
mu(u)t j^{e} käjk^{e}(n)
musst du schauen
Kannst du mal sehen!

Wat'n weertje!
wattn weertch^{e}
was-ein Wetterchen
Was für ein Wetter!

Wat kan mij dat schelen?
watt kann mäj datt ßcheel^e(n)
was kann mich das scheren
Was geht mich das an?

Nou, en?
nau änn
Na und?

Als ik jou / u was …
allß ikk jau / ü(ü) waßß
Wenn ich du / Sie wäre …

Nichts verstanden? – Weiterlernen!

Falls die Verständigung mal nicht hundertprozentig klappen sollte, hier einige nützliche Sätze:

Wat zeg je / zegt u?
watt säch j^e / sächt ü(ü)
was sagst du / sagt Sie
Wie bitte?

Ik versta het niet.
ikk v^{e}rßta ^{e}t niit
Ich verstehe es nicht.

Ik begrijp je niet.
ikk b^{e}chräjp j^e niit
Ich verstehe dich nicht.

Wil je dat alsjeblieft herhalen?
will j^e datt aßßj^{e}bliift h^{e}rhaal^e(n)
willst du es bitte wiederholen
Würdest du das bitte wiederholen?

Spreek je Nederlands / Duits / Engels / Frans?
ßpreek j^{e} need^{e}rlanntß / döütß / äng^{e}lß / frannß
Sprichst du Niederländisch / Deutsch / Englisch / Französisch?

Wat betekent dat?
watt b^{e}teek^{e}nt datt
Was bedeutet das?

Hoe spreek je dit woord uit?
huu ßpreek j^{e} ditt woort öüt
Wie spricht man dieses Wort aus?

Dieses Kapitel zum Anhören: siehe Seite 160

Wil je iets langzamer spreken?
will j^{e} iitß langsaam^{e}r ßpreek^{e}(n)
willst du etwas langsamer sprechen
Würdest du etwas langsamer sprechen?

Wat is ... in het Nederlands?
watt ißß ... inn ^{e}t need^{e}rlanntß
was ist ... in dem Niederländischen
Wie heißt ... auf Niederländisch?

Man könnte zum Beispiel fragen: **Wat is „Mantel" in het Nederlands?**, und falls der Gesprächspartner das deutsche Wort versteht, wird er antworten: **jas** *jaßß.*

Man könnte auch auf einen Gegenstand zeigen und sagen: **Wat is dat in het Nederlands?** So kann man sich viele Wörter durch Fragen aneignen.

Sich kennenlernen

Wenn man sich kennenlernt, werden immer diese Fragen gestellt.

Hoe heet je?
*huu heet j^e^*
Wie heißt du?

Hoe heet u?
huu heet ü(ü)
Wie heißen Sie?

Mijn naam is …
mäjn naam ißß
Mein Name ist …

Ik heet …
ikk heet
Ich heiße …

Dat is mijn …
datt ißß mäjn …
Das ist mein(e) …

man	*mann*	Mann
vrouw	*vrau*	Frau
vriend	*vriint*	Freund
vriendin	*vriindinn*	Freundin
zoon	*soon*	Sohn
dochter	*dochtᵉr*	Tochter
verloofde	*vᵉrloofdᵉ*	Verlobte(r)

Waar kom je vandaan?
waar komm jᵉ vanndaan
Wo kommst du her?

Ik kom uit Duitsland / Zwitserland / Oostenrijk.
ikk komm öüt döütßlannt / swittßᵉrlannt / oostᵉnräjk
Ich komme aus Deutschland / der Schweiz / Österreich.

Ben je alleen?
bänn j^e alleen
Bist du allein?

Bent u alleen?
bännt ü(ü) alleen
Sind Sie alleine?

Wenn man einen vorübergehenden Aufenthaltsort (z. B. Hotel) meint, benutzt man das Wort **logeren** *lo(o)sheer^e(n)*, bei einem festen Wohnsitz **wonen** *woon^e(n)*:

Waar logeer je / logeert u?
waar lo(o)sheer j^e / lo(o)sheert ü(ü)
Wo wohnst du / wohnen Sie?

mögliche Antwort

Ik logeer in Hotel Windmolen.
ikk lo(o)sheer inn ho(o)täll winntmool^e(n)
Ich wohne im Hotel „Windmühle".

Waar woon je / woont u?
waar woon j^e / woont ü(ü)
Wo wohnst du / wohnen Sie?

mögliche Antwort

Ik woon in Utrecht.
ikk woon inn ütträcht
Ich wohne in Utrecht.

Ik ben hier voor de eerste keer.
ikk bänn hiir voor d^e eerßt^e keer
Ich bin hier zum ersten Mal.

Hoe oud ben je / bent u?
huu aut bänn j^{e} / bännt ü (ü)
Wie alt bist du / sind Sie?

Ik ben vijfentwintig.
ikk bänn väjf^{e}ntwinnt^{e}ch
Ich bin 25.

Berufe

Wat ben je / bent u van beroep?
wat bänn j^{e} / bännt ü(ü) vann b^{e}ru(u)p
Was bist du / sind Sie von Beruf?

mögliche Antwort

Ik ben student.
ikk bänn ßtü(ü)dännt
Ich bin Student.

Waar studeer je?
waar ßtü(ü)deer j^{e}
Wo studierst du?

Wat studeer je?
watt ßtü(ü)deer j^{e}
Was studierst du?

Ik studeer medicijnen in Essen.
ikk ßtü(ü)deer m^{e}(^{e})di(i)ßäjn^{e}(n) inn äßß^{e}n
Ich studiere Medizin in Essen.

Ik zit nog op school.
ikk sitt noch opp ßchool
ich sitze noch auf Schule
Ich gehe noch zur Schule.

Ik werk bij ...
ikk wärrk bäj ...
Ich arbeite bei ...

Dieses Kapitel zum Anhören: siehe Seite 160

Ik ben … Ich bin …		
bediende	*b^{e}diind^{e}*	Angestellte:r
ambtenaar / ambtenares	*ammt^{e}naar / ammt^{e}naaräßß*	Beamter / Beamtin
geschoolde werker / geschoolde werkster	*~~ch~~^{e}ßchoold^{e} wärrk^{e}r / ~~ch~~^{e}ßchoold^{e} wärrkßt^{e}r*	Facharbeiter / Facharbeiterin
ambachtsman / ambachtsvrouw	*ambachtßmann / ambachtßfrau*	Handwerker Handwerkerin
ingenieur	*inschenjö(ö)r*	Techniker:in, Ingenieur:in
gepensioneerd	*chepenßschoniierd*	Rentner:in

Berufe		
arts	*arrtß*	Arzt / Ärztin
dokter / dokteres	*dokkt^{e}r / dokkt^{e}räßß*	Arzt / Ärztin
bakker	*bakk^{e}r*	Bäcker:in
boekhouder	*bu(u)khaud^{e}r*	Buchhalter:in
tolk	*tollk*	Dolmetscher:in
electricien	*^{e}(^{e})läktri(i)sjäng*	Elektriker:in
kleuterleider / kleuterleidster	*klöötrrläjt^{e}r klöötrrläjtßtrr*	Erzieher / Erzieherin
kapper / kapster	*kapp^{e}r / kapßt^{e}r*	Friseur / Friseurin
tuinier, tuinman / tuinierster	*töünier, töünmann / töünierßt^{e}r*	Gärtner / Gärtnerin
ober / serveerster	*oob^{e}r / ßürveerßt^{e}r*	Kellner / Kellnerin
kok / kokkin	*kokk / kokkin*	Koch / Köchin
banketbakker	*bangkättbakk^{e}r*	Konditor:in
verpleger / verpleegster	*v^{e}rplee~~ch~~^{e}r v^{e}rplee~~ch~~ßt^{e}r*	Krankenpfleger / Krankenschwester
kunstenaar / kunstenares	*könnßt^{e}naar könnßt^{e}naaräßß*	Künstler / Künstlerin

boer / boerin	*buur / buurin*	Landwirt:in
leraar / lerares	*leeraar / leeraaräßß*	Lehrer / Lehrerin
schilder / schilderes	*ßchilld^{e}r / ßchilld^{e}räßß*	Maler Malerin
advocaat	*addvo(o)kaat*	Rechtsanwalt / -anwältin
softwarespecialist	*ßoft^{u}ä(ä)r-ßpe(e)schialißt*	Software-Entwickler:in
webdesigner	*(engl.)*	Webdesigner:in

Ik studeer...		
bedrijfseconomie	*b^{e}dräjfß^{e}(^{e})kono(o)mii*	Betriebswirtschaft
biologie	*bi(i)olo~~ch~~ii*	Biologie
scheikunde	*ßchäjkönnd^{e}*	Chemie
elektrotechniek	*e(e)läktrotä~~ch~~niik*	Elektrotechnik
aardrijkskunde	*aardräjkßkönnd^{e}*	Geographie
geschiedenis	*~~ch~~^{e}ßchiid^{e}nißß*	Geschichte
informatica	*innformaatika*	Informatik
rechten (Pl.)	*rächt^{e}(n)*	Jura
machinebouw	*maschi(i)n^{e}bau*	Maschinenbau
wiskunde	*wißßkönnd^{e}*	Mathematik
medicijnen (Pl.)	*m^{e}(^{e})di(i)ßäjn^{e}(n)*	Medizin
natuurkunde	*nattüürkönnd^{e}*	Physik
talen (Pl.)	*taale*	Sprachen
psychologie	*pßi(i)~~ch~~olo~~ch~~i(i)*	Psychologie
theologie	*te(e)olo~~ch~~i(i)*	Theologie

Freizeit

Besonders beliebt sind Sport, Kultur und Nachtleben. Hier kann man leicht Kontakte knüpfen und dabei die Sprache etwas üben.

Aan welke sport doe je?
aan wällk[e] ßporrt du(u) j[e]
an welcher Sport tust du
Welchen Sport treibst du?

Golf *chollf*, **hockey** *hokki(i)*, **minigolf** *mi(i)ni(i)chollf*, **tennis** *tännißß*, **sauna** *ßauna(a)*, **surfen** *ßörrf[e](n)*, **turnen** *törrn[e](n)* und **volleyball** *volli(i)ball* heißen wie im Deutschen.

Ik speel ...
ikk ßpeel ...
Ich spiele ...

voetbal	*vu(u)dball*	Fußball
badminton	*bäddminnt[e]n*	Federball
handbal	*hunndball*	Handball
tafeltennis	*taaf[e]ltännißß*	Tischtennis

Waar kan je ... ?
waar kann j[e] ...
Wo kann man ... ?

vissen	*vißß[e](n)*	angeln
schaatsen	*ßchaatß[e](n)*	eislaufen
kegelen	*keech[e]l[e](n)*	kegeln
fietsen	*fiitß[e](n)*	Radfahren

paard rijden	*paart räjd^{e}(n)*	reiten
roeien	*ru(u)j^{e}(n)*	rudern
schaken	*ßchaak^{e}(n)*	Schach spielen
zwemmen	*swämm^{e}(n)*	schwimmen
zeilen	*säjl^{e}(n)*	segeln
duiken	*döük^{e}(n)*	tauchen

Kino

Gaan we naar de bioscoop?
~~ch~~aan w^{e} naar d^{e} bi(i)oßßkoop
Gehen wir ins Kino?

Ja, graag!
ja ~~ch~~raach
Ja, gerne!

Im Allgemeinen laufen die Filme im **bioscoop** (Kino) im Originalton, d. h. in den meisten Fällen in englischer Sprache. Zusätzlich sind dann niederländische Untertitel zu sehen.

Ausgehen

Mag ik naast je komen zitten?
mach ikk naaßt j^{e} koom^{e}(n) sitt^{e}(n)
darf ich neben dir kommen sitzen
Kann ich mich zu dir setzen?

Zullen we samen iets drinken?
söll^{e}(n) w^{e} ßaam^{e}(n) iitß drink^{e}(n)
sollen wir zusammen etwas trinken
Trinken wir etwas zusammen?

Mag ik je uitnodigen?
mach ikk j^e öütnood^e~~ch~~^{e}(n)
Darf ich dich einladen?

Mag ik je op een etentje trakteren?
mach ikk j^e opp ^{e}n eet^{e}ntch^e trakkteer^e(n)
darf ich dich auf ein Essen-chen einladen
Darf ich dich zum Essen einladen?

Zullen we gaan dansen?
söll^e(n) w^e ~~ch~~aan dannß^e(n)
sollen wir gehen tanzen
Wollen wir tanzen gehen?

Mag ik je naar huis brengen?
mach ikk j^e naar höüß bräng^e(n)
Darf ich dich nach Hause bringen?

Wanneer zien we elkaar weer?
wanneer siin w^e ällkaar weer
Wann sehen wir uns wieder?

Tot ziens!	*tott sienß*	Tschüß!
Tot straks!	*tott strakß*	Bis später!
Tot zo!	*tott so(u)*	Bis dann!
Tot morgen!	*tott mor~~ch~~^{e}(n)*	Bis morgen!

Marihuana und Haschisch werden als „weiche Drogen“ in den Niederlanden offiziell toleriert (rechtlich bleiben sie allerdings illegal). Allerdings hat der anhaltende Druck aus den Nachbarländern dazu geführt, dass viele **coffeeshops** geschlossen wurden, nur noch clubähnlich für registrierte (und somit zwangsläufig in Holland wohnhafte) Mitglieder operieren oder von außen gar nicht mehr als solche zu erkennen sind.

Das erste Gespräch

Mit den Redewendungen der vorigen Seiten kann man schon ein kleines Gespräch führen. Vielleicht so eines:

Goedemiddag!
chu(u)j^{e}*middach*
Guten Mittag! (wird nachmittags gesagt)

Dag!
dach
Tag!

Hoe is 't met je?
huu ißßt mätt j^{e}
Wie geht's dir?

Goed, hoor.
chu(u)t hoor
Gut.

Hoor ist ein Füllwort ohne tiefere Bedeutung.

Hoe heet je?
huu heet j^{e}
Wie heißt du?

O'Niel, en jij?
oniil änn jäj
O'Niel, und du?

Nelli.
nälli(i)
Nelli.

Waar kom je vandaan?
waar komm je vanndaan
Wo kommst du her?

Ik kom uit Essen.
ikk komm öüt äßßen
Ich komme aus Essen.

Uit Duitsland!
öüt döütßlannt
Aus Deutschland!

En je spreekt Nederlands?!
änn je ßpreekt neederlanntß
Und du sprichst Niederländisch?!

Wil je alsjeblieft iets langzamer spreken?
will je aßßjebliift iitß langsaamer ßpreeke(n)
willst du bitte etwas langsamer sprechen
Könntest du bitte etwas langsamer sprechen?

Ja, natuurlijk.
jaa nattüürlek
Ja, natürlich.

Wat ben je van beroep?
watt bänn je vann beru(u)p
Was bist du von Beruf?

Ik werk bij ...
ikk wärrk bäj ...
Ich arbeite bei ...

Heb je kinderen?
häpp je kinndere(n)
Hast du Kinder?

Ja, een zoon.
jaa een soon
Ja, einen Sohn.

Heerlijk weer vandaag!
heerl^{e}k weer vanndaach
Schönes Wetter heute!

Ja, heerlijk.
jaa heerl^{e}k
Ja, schön.

Ik moet nu naar huis.
ikk mu(u)t nü(ü) naar höüß
Ich muss jetzt nach Hause.

Tot gauw!
tott chau
Bis bald!

Unterwegs

An allen touristischen Orten wird Ihnen die Abkürzung **VVV** *veeveevee* begegnen. Diess steht für **Vereniging voor Vreemdelingenverkeer** *v^{e}reen^{e}ching voor vreemd^{e}ling^e(n)v^{e}rkeer* „Fremdenverkehrsamt“ und bedeutet wörtlich „Vereinigung für Fremdenverkehr“.

Waar is het VVV-kantoor?
waar ißß ^{e}t veeveevee kanntoor
Wo ist die Touristeninformation?

Ik had graag een plattegrond van de stad.
ikk hatt chraach ^{e}n platt^{e}chronnt vann d^e ßtatt
ich hätte gern einen Plan von der Stadt
Ich möchte einen Stadtplan haben.

Kan men rondritten door de stad maken?
kann männ ronntritt^e(n) door d^e ßtatt maak^e(n)
kann man Rundfahrten durch die Stadt machen
Gibt es Stadtrundfahrten?

Hoeveel kost de rondrit?
huveel koßßt d^{e} ronntritt
Wie viel kostet die Rundfahrt?

Etwas höflicher als **waar is** ist diese Formulierung:

Kan je / Kunt u me zeggen, hoe ik naar ... ga?
kann j^{e} / könnt ü(ü) m^{e} sä~~ch~~^{e}(n) huu ikk naar ... ~~ch~~aa
kannst du / könnt Sie mir sagen wie ich nach ... gehe
Kannst du / Können Sie mir sagen, wie ich nach ... komme?

Wat is de kortste weg naar ... ?
watt ißß d^{e} korrtßt^{e} wäch naar ...
Was ist der kürzeste Weg nach ... ?

Hier die wichtigsten Richtungshinweise, die man verstehen sollte.

Ga ...	**Gaat u ...**	**Rijd ...**	**Rijdt u ...**
~~ch~~aa ...	*~~ch~~aat ü(ü) ...*	*räjt ...*	*räjt ü(ü) ...*
Geh ...	Gehen Sie ...	Fahr ...	Fahren Sie ...

rechtdoor	*rächtdoor*	geradeaus
naar rechts	*naar rächtß*	nach rechts
naar links	*naar linkß*	nach links
terug	*t^{e}röch*	zurück
over de straat	*oov^{e}r d^{e} ßtraat*	über die Straße
over het plein	*oov^{e}r ^{e}t pläjn*	über den Platz
over de brug	*oov^{e}r d^{e} bröch*	über die Brücke

Is het ver naar de / het ... ?
ißß ᵉt värr naar dᵉ / ᵉt ...
Ist es weit nach ... ?

Het is niet ver.
ᵉt ißß niit värr
Es ist nicht weit.

Het is erg dichtbij.
ᵉt ißß ärrch dichtbäj
Es ist sehr nahe.

Kan je / Kunt u mij de straat op de kaart aanwijzen?
kann jᵉ / könnt ü(ü) mäj dᵉ ßtraat opp dᵉ kaart aanwäjsᵉ(n)
Kannst du / Können Sie mir die Straße auf der Karte zeigen?

Ik zoek de vlooienmarkt.
ikk su(u)k dᵉ vloojᵉ(n)marrkt
Ich suche den Flohmarkt.

Hoe kom ik bij de / het ... ?
huu komm ikk bäj dᵉ / ᵉt ...
Wie komme ich zur / zum ... ?

ambassade	*ammbaßßaadᵉ*	Botschaft
binnenstad	*binnᵉ(n)ßtatt*	Zentrum
bioscoop	*bi(i)oßßkoop*	Kino
bloemenmarkt	*blu(u)mᵉ(n)marrkt*	Blumenmarkt
bollenveld (n)	*bollᵉ(n)vällt*	Tulpenfeld
botanische tuin	*bottaani(i)ßᵉ töün*	Botanischer Garten
bron	*bronn*	Brunnen
brug	*bröch*	Brücke

consulaat (n)	*konnsölaat*	Konsulat
expositie / tentoonstelling	*äkkßposiizi(i) / t^{e}ntoonßtälling*	Ausstellung
gebouw (n)	*~~ch~~^{e}bau*	Gebäude
gracht	*~~ch~~racht*	Graben
halte	*hallt^{e}*	Haltestelle
haven	*haav^{e}(n)*	Hafen
kasteel (n)	*kaßßteel*	Schloss
kerk	*kärrk*	Kirche
kerkhof (n)	*kärrkhoff*	Friedhof
laan	*laan*	Allee
markt	*marrkt*	Markt
monument (n)	*mo(o)nümännt*	Denkmal
museum (n)	*mü(ü)ßeeöm*	Museum
metro	*m^{e}(^{e})tro(o)*	U-Bahn
plein (n)	*pläjn*	Platz
postkantoor (n)	*poßßtkanntoor*	Postamt
raadhuis (n)	*raathöüß*	Rathaus
school	*ßchool*	Schule
schouwburg	*ßchaubörrch*	Theater
stadhuis (n)	*ßtatthöüß*	Rathaus
station (n)	*ßtaschoon*	Bahnhof
steeg	*ßteech*	Gasse
straat	*ßtraat*	Straße
vlooienmarkt	*vlooj^{e}(n)marrkt*	Flohmarkt
wijk	*wäjk*	Stadtteil
windmolen	*winntmool^{e}(n)*	Windmühle
winkel, zaak	*wink^{e}l, saak*	Geschäft
ziekenhuis (n)	*siik^{e}(n)höüß*	Krankenhaus

Toilette

Die wichtigste Frage, wenn man „mal muss", ist:

Waar is het toilet?
waar ißß ^{e}t twa(a)lätt
Wo ist die Toilette?

... voor dames / heren
voor daam^{e}ß / heer^{e}(n)
... für Damen / Herren

Wenn irgendetwas nicht funktioniert oder fehlt, helfen vielleicht diese Ausdrücke weiter:

Ik wil graag toiletpapier.
ikk will ~~ch~~raach twa(a)lättpa(a)piir
Ich hätte gerne Toilettenpapier.

De WC trekt niet door.
d^{e} weeßee träkkt niit door
Die Spülung geht nicht.

De afvoer is verstopt.
d^{e} affvuur ißß v^{e}rßtoppt
Der Abfluss ist verstopft.

Er komt geen water.
ärr kommt ~~ch~~een waat^{e}r
Es kommt kein Wasser.

Mit öffentlichen Verkehrmitteln

Für den ÖPNV gibt es eine Chipkarte („OV-Card"), eine Prepaid-Karte für den öffentlichen Nahverkehr. Ohne Chip kommt man nicht in die U-Bahn. Auch für Einzelfahrten muss man sich für 1 Euro (zusätzlich zum Fahrpreis) einen Chip holen. U-Bahnen gibt es in Amsterdam, Rotterdam sowie in Brüssel.

Waar is de dichtstbijzijnde halte?

waar ißß d^{e} dichtbäjsäjnd^{e} hallt^{e}

Wo ist die nächste Haltestelle?

halte	*hallt^{e}*	Haltestelle
halte op verzoek	*hallt^{e} op f^{e}rsuuk*	Bedarfshaltestelle
bushalte	*bößßhallt^{e}*	Bushaltestelle
tramhalte	*trammhallt^{e}*	Straßenbahn-haltestelle
metrostation	*m^{e}(^{e})tro(o)ßtaschoon*	U-Bahnstation

Een kaartje naar … , alstublieft.

^{e}n kaartch^{e} naar … aßßtübliift

Eine Fahrkarte nach … , bitte.

Gaat er een bus naar Maastricht?

chaat ärr ^{e}n bößß naar maaßtricht

geht es ein Bus nach Maastricht

Gibt es einen Bus nach Maastricht?

Waar stopt de bus voor Arnhem?

waar ßtoppt d^{e} bößß voor arrnämm

wo stoppt der Bus für Arnheim

Wo hält der Bus nach Arnheim?

Hoe lang doet de bus erover naar Apeldoorn?

huu lang du(u)t d^{e} bößß ärroov^{e}r naar aap^{e}ldoorn

wie lang tut der Bus darüber nach Apeldoorn

Wie lange fährt der Bus nach Apeldoorn?

Drie uur.
drii üür
Drei Stunden.

Tussen een en twee uur.
tößß^e(n) een ^{e}n twee üür
Zwischen 1 und 2 Stunden.

Welke tram rijdt naar het centrum?
wällk^e tramm räjt naar ^{e}t ßänntrömm
Welche Straßenbahn fährt ins Zentrum?

Welke lijn gaat naar … ?
wällk^e läjn chaat naar …
Welche Linie geht nach … ?

Mit dem Rad

Fahrradfahren (**fietsen** *fiitß^e(n)*) ist bequem auf den Fahrradwegen möglich und günstiger als die horrenden Parkgebühren für das Auto. Wenn man kein Rad mitnehmen kann oder will – es gibt überall auch Fahrradverleihe. Mit einer OV-Card kann man sich übrigens auch Fahrräder leihen. E-Bikes werden meistens durch Fahrradläden vermietet. Vorsicht beim Abstellen: Nur hochwertige Fahrradschlösser vorne und hinten schützen vor Diebstahl.

Auf dem Wasser

Vaart er een veerboot naar …?
vaart ärr ^{e}n veerboot naar …
fährt da ein Fährboot nach
Gibt es eine Fähre nach … ?

Vaart dit schip naar … ?
vaart ditt ßchipp naar …
Fährt dieses Schiff nach … ?

Ik voel me misselijk.
ikk vu(u)l m^e mißß^{e}l^{e}k
ich fühle mich schlecht
Mir ist schlecht.

Mit der Bahn

Een retourtje naar Amsterdam, alstublieft.
^{e}n r^{e}tuurtch^e naar ammßt^{e}rdamm aßßtübliift
Eine Rückfahrkarte nach Amsterdam, bitte.

Een enkele reis naar Utrecht, alstublieft.
^{e}n änk^{e}l^e räjß naar üttrācht aßßtübliift
Eine einfache Fahrt nach Utrecht, bitte.

Is er een reductie voor studenten?
ißß ärr ^{e}n r^{e}dökkßi(i) voor ßtü(ü)dännt^e(n)
Gibt es eine Ermäßigung für Studenten?

Hoeveel kost dat?
huveel koßßt datt
Wie viel kostet das?

?

Wanneer komt de trein in Rotterdam aan?
wanneer kommt d^e träjn inn rott^{e}rdamm aan
Wann kommt der Zug in Rotterdam an?

mögliche Antworten

Om acht uur.
omm acht üür
Um acht Uhr.

Over twee uur.
oov^{e}r twee üür
In zwei Stunden.

Tegen negen uur.
tee~~ch~~^{e}(n) nee~~ch~~^{e}n üür
Gegen neun Uhr.

(Waar) moet ik overstappen?
(waar) mu(u)t ikk oov^erßtapp^e(n)
(Wo) muss ich umsteigen?

Ja, in Leiden.
jaa inn läjd^e(n)
Ja, in Leiden.

Is deze plaats nog vrij?
ißß deez^e plaatß noch vräj
Ist dieser Platz noch frei?

Im Auto

Für Autofahrer gelten folgende Höchstgeschwindigkeiten: tagsüber 100 km/h, nachts 130 km/h auf Autobahnen, 80 auf Landstraßen, 60 auf Landstraßen ohne Mittelstreifen und 50 in der Stadt. Elektromobilität erfreut sich großer Beliebtheit, sicherlich auch, weil die Distanzen deutlich kleiner sind als innerhalb Deutschlands. Das Ladenetz („Fastned") für Elektroautos ist relativ gut ausgebaut.

Für Großstädte wie Amsterdam gilt, dass man auf gar keinen Fall Wertsachen im Auto lassen sollte. Wird der Pass oder Ausweis gestohlen, dann kann man sich bei der Polizei einen vorläufigen kostenlosen Passersatz besorgen, der für drei Tage gilt.

In allen Großstädten gibt es großzügige Park&Ride-Plätze am Stadtrand, verbunden mit einem sehr günstigen Anschluss an den öffentlichen Nahverkehr. Diese Parkplätze nennen sich **Transferium**. In Amsterdam werden so die Parkplätze des Fußballstadions mitgenutzt, wenn keine Spiele stattfinden.

Ik wil graag een auto huren.
ikk will chraach ^en auto(o) hüür^e(n)
ich will gerne ein Auto mieten
Ich möchte ein Auto mieten.

Hoe hoog is de dagprijs?
huu hooch ißß d^{e} dachpräjß
Wie hoch ist der Tagespreis?

Honderd euro.
honndert ööro(o)
Hundert Euro.

Nach dem Weg fragen

Is dat de weg naar Den Haag?
ißß datt d^{e} wäch naar d^{e}n haach
Ist das der Weg nach Den Haag?

Hoe kom ik op de snelweg naar Amsterdam?
huu komm ikk opp d^{e} ßnällwäch naar ammßt^{e}rdamm
Wie komme ich auf die Autobahn nach Amsterdam?

Tanken

Waar is het dichtstbijzijnde pompstation / snellaadstation?
waar ißß ^{e}t dichßtbäjsäjnd^{e} pompßtaschoon / ßnällaadßtaschoon
Wo ist die nächste Tankstelle / Ladestation?

LPG	*ällpee~~ch~~ee*	Autogas
diesel	*diis^{e}l*	Diesel
Euro95 / BlueOne95	*(engl.)*	E10
super	*ßü(ü)p^{e}r*	Super

Panne

Is er hier een garage in de buurt?
ißß ärr hiir ^{e}n ~~ch~~araash^{e} inn d^{e} büürt
ist es hier eine Werkstatt in der Nähe
Gibt es hier in der Nähe eine Autowerkstatt?

Ik heb motorpech.
ikk häpp mootorrpäch
Ich habe einen Motorschaden.

Ik heb autopech.
ikk häpp auto(o)päch
Ich habe eine Panne.

Kunt u de wagen wegslepen?
könnt ü(ü) d^{e} waach^{e}(n) wächßleep^{e}(n)
Können Sie den Wagen abschleppen?

Met ... klopt iets niet.
mätt ... kloppt iitß niit
Mit ... stimmt etwas nicht.

... is niet in orde.
... ißß niit inn orrd^{e}
... ist nicht in Ordnung.

as	*aßß*	Achse
starter	*ßtarrt^{e}r*	Anlasser
uitlaat	*öütlaat*	Auspuff
benzinepomp	*bännsi(i)n^{e}pomp*	Benzinpumpe
knipperlicht	*blink^{e}r*	Blinker
rem	*rämm*	Bremse
display	*(engl.)*	Display
foutmelding	*fautmelding*	Fehlermeldung
schakeling	*ßchaak^{e}ling*	Gangschaltung
V-snaar	*veeßnaar*	Keilriemen
airconditioning	*(engl.)*	Klimaanlage
radiator	*raddi(i)aatorr*	Kühler
dynamo	*di(i)naamo(o)*	Lichtmaschine
koppeling	*kopp^{e}ling*	Kupplung
band	*bannt*	Reifen
stroomverdeler	*ßtroomv^{e}rdeel^{e}r*	Verteiler
bougie	*bu(u)shi(i)*	Zündkerze
ontsteking	*onntßteeking*	Zündung

Unfall

Belt u direkt een ziekenwagen / takelwagen.
bällt ü(ü) di(i)räkkt en siike(n)waa~~ch~~^{e}(n) / taak^{e}lwaa~~ch~~^{e}(n)
Rufen Sie schnell einen Krankenwagen / Abschleppwagen.

Help!
hällp
Hilfe!

Roept u alstublieft de politie.
ru(u)pt ü(ü) aßßtübliift d^{e} poli(i)zi(i)
Rufen Sie bitte die Polizei.

Geeft u mij alstublieft uw naam en adres.
~~ch~~eeft ü(ü) mäj aßßtübliift ü(ü)u naam änn adräßß
Geben Sie mir bitte Ihren Namen und Adresse.

Ik geef u mijn naam en verzekering.
ikk ~~ch~~eef ü(ü) mäjn naam änn v^{e}rseek^{e}ring
Ich gebe Ihnen meinen Namen und Versicherung.

Mag ik uw rijbewijs zien?
mach ikk ü(ü)u räjbewäjß siin
Darf ich Ihren Führerschein sehen?

Hinweisschilder

Aankomst	*aankommßt*	Ankunft
Bagage	*ba~~ch~~aash^{e}*	Gepäck
Bellen	*bäll^{e}(n)*	Klingeln
Benedenverdieping	*b^{e}need^{e}(n)v^{e}rdiiping*	Erdgeschoss
Bezet	*b^{e}zätt*	Besetzt
Bromfiets	*brommfiitß*	Moped
Dames	*daam^{e}ß*	Damen

Deur sluiten!	*döör ßlöüt^{e}(n)*	Tür schließen!
Drankjes	*drankj^{e}ß*	Erfrischungen
Duwen	*dü(ü)w^{e}(n)*	Drücken
Eenrichtingsverkeer	*eenrichtingßv^{e}rkeer*	Einbahnstraße
EHBO	*eehaabeeoo*	Erste Hilfe
Fietsers	*fiitß^{e}rß*	Fahrradfahrer
Fietsers oversteken	*fiitß^{e}rß oov^{e}rßteek^{e}(n)*	Fahrräder kreuzen
Fietspad	*fiitßpatt*	Fahrradweg
Geen toegang	*~~ch~~een tuu~~ch~~ang*	Kein Zutritt
Geen doorgaand verkeer	*~~ch~~een door~~ch~~aant v^{e}rkeer*	Keine Durchfahrt
Geldt niet voor …	*~~ch~~ällt niit voor …*	Gilt nicht für …
Gereserveerd	*~~ch~~^{e}r^{e}ß^{e}rveert*	Reserviert
Gesloten	*~~ch~~^{e}ßloot^{e}(n)*	Geschlossen
Gevaarlijke bocht	*~~ch~~^{e}vaarl^{e}k^{e} bocht*	Gefährliche Kurve
Heren	*heer^{e}(n)*	Herren
Hond bijt	*honnt bäjt*	Bissiger Hund
Ingang	*inne~~ch~~ang*	Eingang
Inlichtingen	*innlichting^{e}(n)*	Information
Kruispunt	*kröüßpönnt*	Kreuzung
Let op	*lätt opp*	Achtung
Niet aanraken!	*niit aanraak^{e}(n)*	Nicht berühren!
Niet roken	*niit rook^{e}(n)*	Nichtraucher
Nooduitgang	*noodöüt~~ch~~ang*	Notausgang
Open	*oop^{e}(n)*	Offen
Pas geverfd	*paßß ~~ch~~^{e}värrft*	Frisch gestrichen
Parkeerschijf verplicht	*parrkeerßchäjf v^{e}rplicht*	Parkscheibe vorgeschrieben
Parkeren beperkt	*parrkeer^{e}(n) b^{e}pärrkt*	Eingeschränktes Parken

Perron	*pärronn*	Bahnsteig
Rechts houden	*rächtß haud^e(n)*	Rechts halten
Roken toegestaan	*rook^e(n) tuuch^eß-taan*	Rauchen erlaubt
Rondgaand verkeer	*ronntchaant v^erkeer*	Kreisverkehr
Slecht wegdek	*ßlächt wächdäkk*	Schlechte Fahrbahn
snelheidscontrole	*ßnällhäjdskonntrole*	Geschwindigkeits-kontrolle
Spoor	*ßpoor*	Gleis
Te huur	*t^e hüür*	Zu vermieten
Te koop	*t^e koop*	Zu verkaufen
Tol	*toll*	Zahlstelle
Trekken	*träkk^e(n)*	Ziehen
Uitgang	*öütchang*	Ausgang
Uitgezonderd …	*öütch^esonnd^ert*	Ausgenommen …
Vertrek	*v^erträkk*	Abfahrt
Voorrang verlenen!	*voorrang v^erleen^e(n)*	Vorfahrt beachten!
Vrij	*vräj*	Frei
Vrije toegang	*vräj^e tuuchang*	Eintritt frei
Wachtkamer	*wachtkaam^er*	Wartezimmer
Wandelpad	*wannd^elpatt*	Spazierweg
Wegversmalling	*wächv^erßmalling*	Wegverengung
Wegwerkzaam-heden	*wächwärrksaam-heed^e(n)*	Straßenarbeiten
Werk in uitvoering	*wärrk inn öütvuuring*	Baustelle
Woonerf	*woonärrf*	Wohnviertel
Zachte berm	*sacht^e bärrm*	Schlechter Straßenrand
Zijweg	*säjwäch*	Straßen-einmündung

Kommunikation

Poststellen haben die Aufschrift **PostNL** *poßtännäll*. Auf den Briefkästen findet man meist eine Einteilung:

Streekpost	*ßtreekpoßßt*	Nähere Umgebung
Overige bestemmingen	*oov^{e}r^e~~ch~~^{e} b^{e}ßtämming^e(n)*	Übrige Bestimmungsorte

Waar is het dichtstbijzijnde postkantoor?
waar ißß ^{e}t dichtßtbäjsäjnd^e poßßtkanntoor
Wo ist die nächste Post?

Waar is er een brievenbus?
waar ißß är ^{e}n briiv^e(n)bößß
Wo ist hier ein Postkasten?

Hoe duur is een kaart naar Duitsland?
huu düür ißß ^{e}n kaart naar döütßlannt
Wie teuer ist eine Postkarte nach Deutschland?

Graag vier postzegels voor brieven naar Oostenrijk.
~~ch~~raach viir poßßtseech^{e}lß voor briiv^e(n) naar ooßt^{e}nräjk
Bitte vier Briefmarken für Briefe nach Österreich.

Internet

Mit Smartphone und WiFi ist der Zugang zum Internet in den Niederlanden und Belgien sehr einfach.

Wat is het wifi-wachtwoord?
wat iß ᵉt waifaiwachtwoord
Wie ist das WLAN-Passwort?

Heeft u een e-mailadres?
heeft ü(ü) ᵉn iimäjladdräßß
Haben Sie eine E-Mail-Adresse?

Mijn e-mailadres is ...
mäjn iimäjladdräßß ißß
Meine E-Mail-Adresse ist ...

Telefonieren

Die Vorwahlen ins Ausland sind:

00 49	für Deutschland
00 43	für Österreich
00 41	für die Schweiz

Nach der 0049 wird die Vorwahl der Stadt ohne die beginnende Null (gilt für alle drei Länder) und als letztes die eigentliche Telefonnummer gewählt.

Das Handy ist genauso beliebt wie bei uns und wird **mobieltje** *mo(o)biiltj*^{e} genannt. Vielfach sagt man aber zum Handy auch einfach nur **telefoon**.

Seit der EU-weiten Abschaffung der Zusatzgebühren beim Auslandsroaming ist das Telefonieren mit dem Handy aus den Niederlanden und Belgien sehr günstig.

Waar kan ik mijn prepaid kaart opwaarderen?
waar kann ikk mäjn pri(i)päjd kaart oppwaard^{e}*r*^{e}*(n)*
Wo kann ich meine Prepaid-Karte aufladen?

Mag ik uw telefoon gebruiken?
mach ikk ü(ü)u t^{e}*(*^{e}*)l*^{e}*(*^{e}*)foon* ~~*ch*~~^{e}*bröuk*^{e}*(n)*
Darf ich mal Ihr Telefon benutzen?

Hier folgt ein kleines Muster-Telefongespräch:

?

Hallo! Met wie spreek ik?
halloo mätt wii ßpreek ikk
Hallo! Mit wem spreche ich?

U spreekt met Arnout van Dam.
ü(ü) ßpreekt mätt arnaut vann damm
Sie sprechen mit Arnout van Dam.

!

Hier is Jaap de Leeuw.
hiir ißß jaap d^{e} *leeu*
Hier ist Jaap de Leeuw.

Kan ik met Marijke spreken?
kann ikk mätt maräjk^{e} ßpreek^{e}(n)
Kann ich mit Marijke sprechen?

Zij is niet thuis.
säj ißß niit thöüß
Sie ist nicht zu Hause.

Jammer!
jamm^{e}r
Schade!

Kan ik een boodschap overbrengen?
kann ikk ^{e}n bootßchapp oov^{e}rbräng^{e}(n)
kann ich eine Botschaft überbringen
Kann ich etwas ausrichten?

Nee, ik bel nog eens om 8 uur.
nee ikk bäll noch eenß omm acht üür
Nein, ich rufe noch mal um 8 Uhr an.

Polizei und Diebstahl

Im Falle eines Falles wird man hier auch die örtliche Polizei aufsuchen müssen. Wichtig ist, dass Sie einen Diebstahl sofort melden.

Waar is het politiebureau?
waar ißß ^{e}t poli(i)zi(i)bü(ü)roo
Wo ist die Polizeiwache?

Ik wil een diefstal aangeven.
ik will ^{e}n diifßtall aan~~ch~~eev^{e}(n)
Ich will einen Diebstahl anzeigen.

Dieses Kapitel zum Anhören: siehe Seite 160

Er werd ... van mij ontvreemd / gestolen.

ärr wärrt ... vann mäj onntvreemt / ~~ch~~^{e}ßtool^{e}(n)

da wurde ... von mir gestohlen

Mir ist ... gestohlen worden.

Falls das Auto aufgebrochen und etwas gestohlen wurde, sollte man auf jeden Fall zur Polizei gehen und es melden. Man bekommt dort eine Bescheinigung für die Versicherung.

Mijn auto is opengebroken.

mäjn auto(o) ißß oop^{e}(n)~~ch~~^{e}brook^{e}(n)

Mein Wagen ist aufgebrochen worden.

Ik ben ... verloren.

ikk bänn ... v^{e}rloor^{e}(n)

Ich habe ... verloren.

Mijn ... is gestolen.

mäjn ... ißß ~~ch~~^{e}ßtool^{e}(n)

Mein ... ist gestohlen worden.

identiteitsbewijs (n)	*i(i)dännti(i)täjtßb^{e}wäjß*	Ausweis
portefeuille	*porrt^{e}föj*	Brieftasche
fototoestel (n)	*footootuußtäll*	Fotoapparat
handtas	*hannttaßß*	Handtasche
kredietkaart	*krediitkaart*	Kreditkarte
portemonnee	*porrt^{e}monnee*	Portemonnaie
radiotoestel (n)	*raadio(o)tuußtäll*	Radio
sleutel	*ßlööt^{e}l*	Schlüssel
tablet	*täbblett*	Tablet
mobieltje (n) / **telefoon**	*porrt^{e}(o)biiltj^{e} / t^{e}(^{e})l^{e}(^{e})foon*	Handy / Telefon
horloge (n)	*horroosh^{e}*	Uhr

Bank und Geld

Die bargeldlose Zahlungsweise ist weit verbreitet, mehr als bei uns in Deutschland. Manche Läden, darunter auch einige der Kette Albert Heijn, nehmen gar kein Bargeld mehr an. 1- und 2-Cent-Münzen gibt es nicht mehr. Bargeldos gezahlt wird z. B. mit V-Pay oder per Smartphone. Datenschutzbedenken sind weniger ausgeprägt als in Deutschland, der praktische Nutzen steht für die meisten Menschen im Vordergrund.

tientje (n)	*tiintch*^{e}	10 Euro (einzelner Schein)

Waar is er hier een bank / wisselkantoor?
waar ißß ärr hiir ^{e}*n bank / wißß*^{e}*lkanntoor*
Wo ist hier eine Bank / Wechselstube?

Ik will graag honderd dollars in euro's wisselen.
ikk will chraach honnd^{e}*rt dollarß inn ööro(o)ß wißß*^{e}*l*^{e}*(n)*
Ich möchte 100 Dollar in Euro wechseln.

Ik zou qraaq tweehonderd euro's
in zwitserse franken willen wisselen.
ikk sau chraach tweehonnd^{e}*rt ööro(o)ß*
inn swittß^{e}*rß*^{e} *frank*^{e}*(n) will*^{e}*(n) wißß*^{e}*l*^{e}*(n)*
Ich möchte 200 Euro in Schweizer Franken wechseln.

Zwitserse frank
swittß^{e}*rß*^{e} *frank*
Schweizer Franken

Einkaufen

Zuerst ein paar allgemeine Fragen, die nicht nur beim Einkaufen nützlich sein können. Durch die Ähnlichkeit der niederländischen Ausdrucksweise sind die meisten ohne weitere Erklärungen für uns verständlich.

Ik neem …
ikk neem
Ich nehme …

Wij nemen …
wäj neem^{e}(n)
Wir nehmen …

Ik wil …
ikk will
Ich möchte …

Wij willen …
wäj will^{e}(n)
Wir möchten …

Geef me / ons maar …
~~ch~~eef m^{e} / onnß maar …
Bringen Sie mir / uns …

Hoeveel kost dat?
huveel koßßt datt
Wie viel kostet das?

Wat wenst u?
watt wännßt ü(ü)
Was wünschen Sie?

Wijs me alstublieft …
wäjß m^{e} aßßtübliift
Zeigen Sie mir bitte …

Ik heb … nodig.
ikk häpp … nood^{e}ch
ich habe …nötig
Ich brauche …

Ik zou graag … willen.
ikk sau ~~ch~~raach … will^{e}(n)
ich würde gern … wollen
Ich hätte gerne …

Kunt u me alstublieft zeggen, … ?
könnt ü(ü) m^{e} aßßtübliift säch^{e}(n) …
Können Sie mir bitte sagen, … ?

Waar is / zijn ... ?
waar ißß / säjn ...
Wo ist / sind ... ?

Laat u mij alstublieft ... zien.
laat ü(ü) mäj aßßtübliift ... siin
lassen Sie mich bitte ... sehen
Zeigen Sie mir bitte ...

Hier noch ein paar Tipps zum Einkaufen. Gutes Brot zu bekommen, kann schwierig sein: Fast alle Sorten sind toastähnlich weich. Allerdings werben mittlerweile viele niederländische Bäckereien auch mit **duitse broodjes** *döütß^{e} brootch^{e}ß*, Brötchen nach deutschem Rezept. In den Ostniederlanden gibt es traditionell eine Art Pumpernickel.

Viele Buchhandlungen und auch einige Schreibwarengeschäfte haben deutsche Bücher und Zeitschriften im Angebot.

Die üblichen Kreditkarten werden fast überall problemlos angenommen. Fast überall kann man auch mit in Deutschland ausgestellten Girokarten bargeldlos bezahlen.

Sonntags nachmittags haben in den Städten viele Läden geöffnet, dafür montags vormittags geschlossen. Das gilt auch für viele Einkaufszentren.

Kan ik met een creditcard betalen?
kann ikk mätt ^{e}n kräddittkarrt b^{e}taal^{e}(n)
Kann ich mit einer Kreditkarte bezahlen?

Kan ik hier pinnen?
kann ikk hiir pinn^{e}(n)
Kann ich hier mit der PIN-Nummer bezahlen?

Hoeveel kost dat / het?
huveel koßßt datt / ^{e}t
Wie viel kostet es?

Hoe duur is het?
huu düür ißß ^{e}t
Wie teuer ist es?

Mag ik het passen?
mach ikk ^{e}t paßß^{e}(n)
Kann ich es anprobieren?

In de maat ...
inn d^{e} maat ...
In Größe ...

Waar kan men ... kopen?
waar kann männ ... koop^{e}(n)
Wo kann man ... kaufen?

Ik had graag ...
ikk hatt ~~ch~~raach ...
Ich hätte gern ...

Geeft u mij alstublieft ...
~~ch~~eeft ü(ü) mäj aßßtübliift ...
Geben Sie mir bitte ...

In Anfragen oder Bitten wie **Ik had graag ...** muss natürlich noch ein entsprechendes passendes Wort eingesetzt werden.

Wörterlisten für den Einkauf

Schreibwaren		
potlood	*pottloot*	Bleistift
envelop	*ännv^{e}lopp*	Briefumschlag
boek (n)	*bu(u)k*	Buch
schrift (n)	*ßchrifft*	Heft
ballpoint	*bollpojnt*	Kugelschreiber
ansichtkaart	*annßichtßkaart*	Postkarte
gom (n)	*chomm*	Radiergummi
schaar	*ßchaar*	Schere
stadsplattegrond	*ßtattsplatt^{e}~~ch~~ronnt*	Stadtplan
plakband (n)	*plakkbannt*	Klebeband
woordenboek (n)	*woord^{e}(n)bu(u)k*	Wörterbuch
tijdschrift (n)	*täjtßchrifft*	Zeitschrift
krant	*krannt*	Zeitung

Kleidung und Ausstattung

horloge (n)	*horroosh*^{e}	Armbanduhr
pak (n)	*pakk*	Anzug
blouse	*blu(u)ß*	Bluse
maat	*maat*	Größe
ceintuur	*ßängtüür*	Gürtel
handschoen	*hanntßchuun*	Handschuh
handtas	*hannttaßß*	Handtasche
overhemd (n)	*oov*^{e}*rhämmt*	Hemd
broek	*bru(u)k*	Hose
colbert (n), **jasje** (n)	*kollbärrt, jasch*^{e}	Jacke
jurk	*jörrk*	Kleid
jas	*jaßß*	Mantel
oorbel	*oorbäll*	Ohrring
rok	*rokk*	Rock
sjaal	*schaal*	Schal
sieraad (n)	*ßiiraat*	Schmuck
slipje (n)	*ßlippj*^{e}	Slip
veters (Pl)	*veet*^{e}*rß*	Schnürsenkel
zonnebril	*sonn*^{e}*brill*	Sonnenbrille
laarzen (Pl)	*laars*^{e}*(n)*	Stiefel
kousen (Pl)	*kauß*^{e}*(n)*	Strümpfe
hemd (n)	*hämmt*	Unterhemd
onderbroek	*onnd*^{e}*rbru(u)k*	Unterhose

Hygiene

damesverband (n)	*daam*^{e}*ßv*^{e}*rbannt*	Damenbinde
handdoek	*hanntdu(u)k*	Handtuch
nagelvijl	*naa~~ch~~*^{e}*lväjl*	Nagelfeile
nagellakremover	*naa~~ch~~*^{e}*llakk-ri(i)muuv*^{e}*r*	Nagellackentferner

spons	*ßponnß*	Schwamm
zeep	*seep*	Seife
toiletpapier (n)	*twa(a)lättpappiir*	Toilettenpapier
wasmiddel (n)	*waßßmidddᵉl*	Waschmittel
watten	*wattᵉ(n)*	Watte
mascara	*maßßkaara(a)*	Wimperntusche
tandenborstel	*tanndᵉ(n)borrßtᵉl*	Zahnbürste
tandpasta	*tanntpaßßta(a)*	Zahnpasta

Sonstiges

boeket (n)	*bu(u)kätt*	Blumenstrauß
aansteker	*aanßteekᵉr*	Feuerzeug
oplaadkabel	*opplaadkaabᵉl*	Ladekabel
paraplu	*parrapplü(ü)*	Regenschirm
lucifers (Pl)	*lü(ü)ßi(i)färrß*	Streichhölzer
zak	*sakk*	Tasche
zaklamp	*sakklammp*	Taschenlampe

Lebensmittel

appel	*appᵉl*	Apfel
appelsap (n)	*appᵉlßapp*	Apfelsaft
sinaasappel	*ßi(i)naaßappᵉl*	Apfelsine, Orange
banaan	*bannaan*	Banane
bier (n)	*biir*	Bier
peer	*peer*	Birne
blauwe bosbessen (Pl)	*blauᵉ boßßbäß-ßᵉ(n)*	Blaubeeren
bloemkool	*blu(u)mkool*	Blumenkohl
bramen (n)	*braamᵉ(n)*	Brombeeren
brood (n)	*broot*	Brot
broodje (n)	*brootchᵉ*	Brötchen

boter	*boot^{e}r*	Butter
karnemelk	*karrn^{e}mällk*	Buttermilch
blik (n)	*blikk*	Dose
eieren (Pl)	*äj^{e}r^{e}(n)*	Eier
erwten (Pl)	*ärrt^{e}(n)*	Erbsen
aardbeien (Pl)	*aardbäj^{e}(n)*	Erdbeeren
azijn	*asäjn*	Essig
fles	*fläßß*	Flasche
vlees (n)	*vleeß*	Fleisch
kruiden (Pl)	*kröüd^{e}(n)*	Gewürz
boerenkool	*buur^{e}(n)kool*	Grünkohl
komkommer	*kommkomm^{e}r*	Gurke
augurk	*au~~ch~~örrk*	saure Gurke
frambozen (Pl)	*frammboos^{e}(n)*	Himbeeren
honing	*hooning*	Honig
yoghurt	*jo~~ch~~^{e}rt*	Jogurt
koffie	*koffi(i)*	Kaffee
kappertjes (Pl)	*kapp^{e}rtch^{e}ß*	Kapern
aardappelen (Pl)	*aardapp^{e}l^{e}(n)*	Kartoffeln
kaas	*kaaß*	Käse
kersen (Pl)	*kärrß^{e}(n)*	Kirschen
knoflook	*knofflook*	Knoblauch
kool	*kool*	Kohl
kropsla	*kroppßluu*	Kopfsalat
kalebas	*kall^{e}baßß*	Kürbis
prei	*präj*	Lauch
amandelen (Pl)	*a(a)mannd^{e}l^{e}(n)*	Mandeln
jam	*shämm*	Marmelade
meel	*meel*	Mehl
meloen	*m^{e}luun*	Melone

melk	*mällk*	Milch
worteltjes (Pl)	*worrt^{e}ltch^{e}ß*	Mohrrüben
noten (Pl)	*noot^{e}(n)*	Nüsse
fruit (n)	*fröüt*	Obst
olie	*ooli(i)*	Öl
sinaasappelsap	*ßi(i)naaßapp^{e}l-ßapp*	Orangensaft
peterselie	*p^{e}(^{e})t^{e}rßeeli(i)*	Petersilie
peper	*peep^{e}r*	Pfeffer
cantharellen (Pl)	*kanntaräll^{e}(n)*	Pfifferlinge
perzik	*pärrsikk*	Pfirsich
pruimen (Pl)	*pröüm^{e}(n)*	Pflaumen
paddestoel	*padd^{e}ßtuul*	Pilz
frieten, patat (Pl)	*friit^{e}(n), patat*	Pommes frites
vossebessen (Pl)	*voßß^{e}bäßß^{e}(n)*	Preiselbeeren
kwark	*kwarrk*	Quark
radijsjes (Pl)	*raddäjsch^{e}ß*	Radieschen
rijst	*räjßt*	Reis
spruitjes (Pl)	*ßpröütch^{e}ß*	Rosenkohl
rode bieten	*rood^{e} biit^{e}(n)*	Rote Bete
sap	*ßapp*	Saft
room	*room*	Sahne
zout (n)	*saut*	Salz
plak	*plakk*	Scheibe
ham	*hamm*	Schinken
bieslook	*biißlook*	Schnittlauch
selderij	*ßälld^{e}räj*	Sellerie
asperges (Pl)	*aßßpärrsh^{e}ß*	Spargel
kruisbessen (Pl)	*kröüßbäßß^{e}(n)*	Stachelbeeren
smeerkaas	*ßmeerkaaß*	Streichkäse

soep	*ßu(u)p*	Suppe
thee	*tee*	Tee
water (n)	*waat^{e}r*	Wasser
wijn (wit / rood)	*wäjn (witt / root)*	Wein (weiß / rot)
druiven (Pl)	*dröüv^{e}(n)*	Weintrauben
savooiekool	*ßavvooj^{e}kool*	Wirsing
worst	*worrßt*	Wurst
ui	*öü*	Zwiebel
zuurkool	*süürkool*	Sauerkraut

Essen und Trinken

Morgens machen die meisten Niederländer zwischen 10 und 11 Uhr eine Kaffeepause. Zum Mittagessen gibt es oft eine **koffietafel** *koffi(i)taaf^{e}l*. Anstelle eines warmen Gerichtes bekommt man zuerst eine Suppe oder Salat und danach Brot mit Käse und Wurst. Anschließend trinkt man dann einen Kaffee. Später am Nachmittag, zwischen 15 und 16 Uhr, wird dagegen häufiger Tee getrunken.

Übrigens: Während wir in Deutschland stets von holländischen Pommes sprechen, heißen diese in Holland völlig zu Recht **belgische frietjes** oder **vlaamse frietjes**.

Es ist kaum bekannt, aber in den Niederlanden wird auch einheimischer Wein produziert, vor allem in den südlichen Regionen der Provinzen Limburg und Gelderland.

Dieses Kapitel zum Anhören: siehe Seite 160

Am Tisch

bestek (n)	*b^{e}ßtäkk*	Besteck
broodmandje (n)	*broodmanntch^{e}*	Brotkorb
blikopener	*blikkoop^{e}n^{e}r*	Dosenöffner
eierdopje (n)	*äj^{e}rdoppj^{e}*	Eierbecher
flesopener	*fläßßoop^{e}n^{e}r*	Flaschenöffner
vork	*vorrk*	Gabel
kurketrekker	*körrk^{e}träkk^{e}r*	Korkenzieher
lepel	*leep^{e}l*	Löffel
mes (n)	*mäßß*	Messer
schotel	*ßchoot^{e}l*	Schüssel
kopje (n)	*koppj^{e}*	Tasse
bord (n)	*borrt*	Teller
tafelkleed (n)	*taaf^{e}lkleet*	Tischtuch
pan	*pann*	Topf
schoteltje (n)	*ßchoot^{e}ltj^{e}*	Untertasse
tandestoker	*tannd^{e}ßtook^{e}r*	Zahnstocher

Im Restaurant

Typisch für die Niederlande sind gar nicht so sehr spezielle holländische Restaurants, sondern eher die Vielzahl von ethnischen Lokalen, Imbissen und Automatenrestaurants. In Großstädten sind häufig Automaten aufgestellt, aus denen man mit Hackfleisch gefüllte Teigtaschen, Kroketten, Frikadellen und indonesisch inspirierte Snacks ziehen kann. In den Niederlanden redet man hier auch von **de muur** *d^{e} müür* (die Wand).

kalfsvleeskroket	*kallfßvleeßkro(o)kätt*	Kalbfleischkrokette
rundvleeskroket	*rönntvleeßkro(o)kätt*	Rindfleischkrokette
satékroket	*ßatteekro(o)kätt*	Satékrokette
specialiteit	*ßpeeschaali(i)täjt*	Spezialität
frikandel	*frikkanndäll*	Frikadellenwurst
kaassoufflé	*kaaßßufflee*	Käsesoufflé
bamibal	*baami(i)ball*	Krokette mit Bami-Goreng-Füllung
nasibal	*naasi(i)ball*	Krokette mit Nasi-Goreng-Füllung

Waar is hier een goed restaurant?
waar ißß hiir ^{e}n chu(u)t räßßtorannt
Wo ist hier ein gutes Restaurant?

Is deze tafel nog vrij?
ißß dees^{e} taaf^{e}l noch vräj
Ist dieser Tisch noch frei?

Ik neem ...
Ikk neem ...
Ich nehme ...

Wij nemen ...
wüj neem^{e}(n) ...
Wir nehmen ...

Hoe wilt u uw vlees hebben?
huu willt ü(ü) ü(ü)u vleeß häbb^{e}(n)
Wie wollen Sie Ihr Fleisch haben?

mögliche Antworten

goed doorgebraden
~~ch~~u(u)t door~~ch~~^{e}braad^{e}(n)
gut durch

licht gebraden
licht ~~ch~~^{e}braad^{e}(n)
halb durch

kort gebraden
korrt ~~ch~~^{e}braad^{e}(n)
kurz gebraten

Zonder ..., alstublieft.
sonnd^{e}r ... aßßtübliift
Ohne ..., bitte.

Met ..., alstublieft.
mätt ... aßßtübliift
Mit ..., bitte.

De rekening, alstublieft.
d^{e} reek^{e}ning aßßtübliift
Die Rechnung, bitte.

Alles bij elkaar.
all^{e}ß bäj ällkaar
Alles zusammen.

Aparte rekeningen, alstublieft.
apparrt^{e} reek^{e}ning^{e}(n) aßßtübliift
Getrennte Rechnungen, bitte.

Hou de rest.
hau d^{e} räßßt
Behalten Sie den Rest.

Fisch und Meeresfrüchte

Matjessaison ist im Mai und Juni. Das Geheimnis des Matjesgeschmacks, aber auch seiner Bekömmlichkeit, besteht darin, dass die Bauchspeicheldrüse im ausgenommenen Fisch verbleibt, sodass sich der Hering gewissermaßen selbst vorverdaut.

Miesmuscheln werden in Seeland im Rheindelta angebaut. In Gemüsesud mit Weißwein oder Bier zubereitet und mit Pommes frites serviert, sind sie in Holland, aber viel mehr noch in Belgien eine echte Spezialität.

baars	*baarß*	Barsch
bokking	*bokking*	Bückling
bot	*bott*	Flunder
garnalen	*charrnaal^{e}(n)*	Krabben
haring	*haaring*	Hering

hollandse nieuwe	*hollanntß^e niiu^e*	Matjes
inktvis	*inktvißß*	Tintenfisch
kabeljauw	*ka(a)b^{e}ljau*	Kabeljau
karper	*karrp^{e}r*	Karpfen
mosselen	*moßß^{e}l^e(n)*	Miesmuscheln
paling	*paaling*	Aal
schol	*ßcholl*	Scholle
rivierkreeft	*ri(i)viirkreeft*	Flusskrebs
snoek	*ßnu(u)k*	Hecht
tarbot	*tarrbott*	Steinbutt
tong	*tong*	Seezunge
tonijn	*tonnäjn*	Thunfisch
zalm	*sallm*	Lachs

Fleisch und Geflügel

biefstuk	*biifßtökk*	Beefsteak
braadworst	*braadworßt*	Bratwurst
eend	*eent*	Ente
ganzepeper	*channs^{e}peep^{e}r*	Gänseklein
gebraad (n)	*ch^{e}braat*	Braten
kalfsbout	*kallfßbaut*	Kalbskeule
kalfsoester	*kallfßu(u)ßt^{e}r*	Kalbsmedaillon
karbonade	*karrbo(o)naad^e*	Kotelett
kip	*kipp*	Hähnchen
konijn (n)	*konnäjn*	Kaninchen
lever	*leev^{e}r*	Leber
rund	*rönnt*	Rind
stoofvlees (n)	*ßtoofvleeß*	Schmorbraten
varkensvlees (n)	*varrk^{e}nßvleeß*	Schweinefleisch
varkenspootje	*varrk^{e}nßpootch^e*	Eisbein (n)

Traditionelle niederländische Gerichte

Echt holländische Gerichte wirken auf uns nicht besonders exotisch. Es dominieren deftige Zubereitungen mit Fleisch, Soße und Kartoffeln, zumeist in gestampfter Form. Kulturgeografisch schließt das kulinarische Holland an Norddeutschland und an das Rheinland an. Bei den Gewürzen sind einige exotische Zutaten seit der Kolonialzeit fest etabliert (Zimt, Nelken, Curry, Erdnussbutter). Auch Süßigkeiten bilden eine starke Seite der holländischen Kulinarik.

Als **stamppotten** bezeichnet man eine ganze Familie von Eintopfgerichten mit viel Kartoffeln, wobei das Ganze nach dem Kochen püriert wird.

hutspot	*hüttßpott*	**stamppot** aus Möhren, Zwiebeln und Kartoffeln
boerenkool	*buur^e(n)kool*	Grünkohl und Kartoffeln als **stamppot**
andijvie-stamppot	*annd^eivii-stamppott*	Endivien und Kartoffeln als **stamppot**
erwtensoep / snert	*ärrt^e(n)ßuup / ßnärrt*	Erbsensuppe, sehr dickflüssig
hachée	*haschee*	Rindfleisch und Zwiebeln in säuerlicher Fleischsoße geschmort
rookworst	*rookworßt*	weiche geräucherte Wurst zum **stamppot**
kibbeling	*kibb^eling*	gewürfeltes Fischfilet in Backteig fritiert
poffertjes	*poff^ertch^eß*	Mini-Pfannkuchen

Goudse stroopwafel	*chaudße ßtroopwaffel*	doppelte Hartwaffel mit Füllung aus Karamellsirup (kommt aus Gouda, hat aber nichts mit Käse zu tun!)
oliebollen	*ooli(i)bollen*	ölgebackene Hefekrapfen mit Korinthen
vla	*vla(a)*	dünnflüssiger (trinkbarer) Pudding
vlaai	*vlaai*	runder Kuchen aus Hefeteig mit einer Vielzahl von Fruchtfüllungen (wie „pie"). Spezialität aus Limburg, kommt auch in Belgien (und in Aachen) vor.

Im Nordosten des Landes kennt man eine luftgetrocknete **metworst** mit einer sehr speziellen, süßlichen Geschmacksnote (Nelken, Zimt usw.).

In Flandern (Belgien), aber auch im Süden der Niederlande (Limburg, Nord-Brabant), gibt es eine echte „haute cuisine" mit starker Anlehnung an die französische Küche.

Vegetarisch und vegan essen

Vegetarisch und vegan lebende Menschen werden in den Niederlanden, besonders in den Städten, wenig Probleme haben, ein geeignetes Restaurant zu finden.

veganistisch	*veechanisti(i)ß*	vegan
veganist	*veechanist*	Veganer:in
vegetarisch	*veecheetari(i)ß*	vegetarisch
vegetariër	*veecheetarier*	Vegetarier:in

Indonesische Gerichte

Sehr beliebt und gut sind die vielen chinesischen und vor allem indonesischen Restaurants, die sich übrigens meist **indisch restaurant** nennen (ein Überbleibsel aus der Kolonialzeit, als Indonesien „Niederländisch-Indien" hieß). Beliebt ist auch die **rijsttafel** (indonesische Reistafel), ein Festbankett aus vielen kleinen asiatischen Gerichten zu gekochtem Reis. Diese Art Mahlzeit stammt aus der niederländischen Kolonialzeit. Während die einzelnen Bestandteile echt indonesisch sein können (teils auch chinesisch oder indisch), ist es die Art der Zusammenstellung eher nicht. Das ändert aber nichts daran, dass es sich hier um den festlichen Höhepunkt eines indonesischen Restaurantbesuchs in den Niederlanden handelt und absolut zu empfehlen ist. Da indonesische Gerichte hierzulande nicht ganz so bekannt sind, hier die wichtigsten Gerichte.

capitan	*kapitan*	Muscheln
cap cai	*tschapp tschaj*	verschiedenes Gemüse in Soße
daging ayam	*daging ajam*	Hühnerfleisch
daging babi	*daging babi(i)*	Schweinefleisch
daging bebek	*daging bäbäkk*	Entenfleisch
daging domba	*daging domba*	Lammfleisch
daging sapi	*daging ßapi(i)*	Rindfleisch
fu jung hai	*fu(u) jung haj*	Omelett mit Gemüse und Fleisch
gado gado	*gado(o) gado(o)*	Gemüsesalat mit Erdnusssoße
kacang	*katschang*	Erdnüsse
lombok	*lombokk*	Chili

mangga	*mangga*	Mango
mie goreng	*mii goräng*	gebratene Nudeln
mie kuah	*mii kuach*	Nudelsuppe
mie rebus	*mii reebuß*	gekochte Nudeln
nasi campur	*nasi(i) tschampur*	Reis mit Gemüse und Fleisch
nasi goreng	*nasi(i) goräng*	gebratener Reis
nasi putih	*nasi(i) putich*	weißer gekochter Reis
nasi sayur	*nasi(i) ßajur*	Reis mit Gemüse
saté	*ßattee*	gegrillte Fleischspieße
sayur	*ßajur*	Gemüse
telur goreng	*tälur goräng*	gebratenes Ei
telur rebus	*tälur reebuß*	gekochtes Ei
tiram	*tiramm*	Austern
udang	*udang*	Krabben
udang karang	*udang karang*	Hummer

Unterkunft

Je nach Vorliebe gibt es unterschiedliche Möglichkeiten, einen Aufenthalt in den Niederlanden zu organisieren, ob im Hotel, in der Jugendherberge oder beim Camping. Die preisgünstigste Möglichkeit ist naturlich das Campen. Hier gilt: nur auf Campingplätzen, nicht wild. Auch im Auto zu übernachten, ist nicht erlaubt.

Jugendherbergen heißen „Stayokay“ und sind in der Regel etwas günstiger als Hotels.

Is hier een ... ?

ißß hiir ^{e}n ...

ist hier ein ...

Gibt es hier ein(e) ... ?

hotel	*ho(o)täll*	Hotel
Bed & Breakfast	*bädd ^{e}n bräkkfäßßt*	Privatpension
jeugdherberg	*jöchthärrbärrch*	Jugendherberge
camping	*kämmping*	Campingplatz

Heeft u nog kamers vrij?

heeft ü(ü) noch kaam^{e}rß vräj

Haben Sie noch Zimmer frei?

Wat voor kamer wilt u graag?

watt voor kaam^{e}r willt ü(ü) chraach

was für Zimmer wollen Sie gern

Was für ein Zimmer möchten Sie?

eenpersoonskamer	*eenpärrßoonßkaam^{e}r*	Einzelzimmer
tweepersoonskamer	*tweepärrßoonßkaam^{e}r*	Doppelzimmer
met bad	*mätt batt*	mit Bad
met douche	*mätt du(u)sch*	mit Dusche

Hoeveel kost een overnachting?

huveel koßßt ^{e}n oov^{e}rnachting

Wie viel kostet eine Übernachtung?

Hoeveel kost de kamer met ... ?

huveel koßßt d^e kaam^{e}r mätt ...

Wie viel kostet das Zimmer mit ... ?

ontbijt (n)	*onntbäjt*	Frühstück
half-pension (n)	*hallf pännschonn*	Halbpension
volledig pension (n)	*volleed^{e}ch pännschonn*	Vollpension

Is er reductie voor kinderen?

ißß arr r^{e}dökkßi(i) voor kinnd^{e}r^e(n)

ist da Ermäßigung für Kinder

Gibt es für Kinder eine Ermäßigung?

Kan ik de kamer zien?

kann ikk d^e kaam^{e}r siin

Kann ich das Zimmer sehen?

Ik neem hem.

ikk neem hämm

Ich nehme es.

Deze kamer bevalt mij (niet).

dees^e kaam^{e}r b^{e}vallt mäj (niit)

Dieses Zimmer gefällt mir (nicht).

Hoe laat moet ik uit de kamer zijn?

huu laat mu(u)t ikk öüt d^e kaam^{e}r säjn

wie spät muss ich aus dem Zimmer sein

Bis wann muss ich aus dem Zimmer sein?

Haus und Wohnung

bed (n)	*bätt*	Bett
sprei	*ßpräj*	Bettdecke
beddegoed (n)	*bädd^{e}chu(u)t*	Bettwäsche
verdieping	*v^{e}rdiiping*	Etage
venster (n), **raam**	*vännßt^{e}r, raam*	Fenster
handdoek	*hanntdu(u)k*	Handtuch
verwarming	*v^{e}rwarrming*	Heizung
kussen (n)	*kößß^{e}(n)*	Kissen
bel	*bäll*	Klingel
klerenhanger	*kleer^{e}(n)hang^{e}r*	Kleiderbügel
keuken	*köök^{e}(n)*	Küche
huur	*hüür*	Miete
rekening	*reek^{e}ning*	Rechnung
slaapzak	*ßlaapsakk*	Schlafsack
sleutel	*ßlööt^{e}l*	Schlüssel
kast	*kaßßt*	Schrank
la	*laa*	Schublade
eetzaal	*eetsaal*	Speisesaal
stopcontact (n)	*ßtoppkonntakkt*	Steckdose
stoel	*ßtuul*	Stuhl
tapijt (n)	*tappäjt*	Teppich
tafel	*taaf^{e}l*	Tisch
tafellaken (n)	*taaf^{e}lllaak^{e}(n)*	Tischtuch
pot	*pott*	Topf
deur	*döör*	Tür
gordijn (n)	*chorrdäjn*	Vorhang
muur	*müür*	Wand

wastafel	*waßßtaaf^{e}l*	Waschbecken
water (n)	*waat^{e}r*	Wasser
kamer	*kaam^{e}r*	Zimmer

Camping

Heeft u nog plaats voor een caravan?
heeft ü(ü) noch plaatß voor ^{e}n kärr^{e}vänn
Haben Sie noch Platz für einen Wohnwagen?

Hoeveel kost het voor de tent?
huveel koßßt ^{e}t voor d^{e} tännt
Wie viel kostet es für das Zelt?

Hoeveel kost het per dag en per persoon?
huveel koßßt ^{e}t pärr dach änn pärr pärrßoon
Wie viel kostet es pro Tag und pro Person?

Wij blijven twee dagen / weken.
wäj bläjv^{e}(n) twee daa~~ch~~^{e}(n) / week^{e}(n)
Wir bleiben zwei Tage / Wochen.

Waar kan ik mijn caravan neerzetten?
waar kann ikk mäjn kärr^{e}vänn neersätt^{e}(n)
Wo kann ich meinen Wohnwagen aufstellen?

Waar kan ik de wagen laten staan?
waar kann ikk d^{e} waa~~ch~~^{e}(n) laat^{e}(n) ßtaan
wo kann ich den Wagen lassen stehen
Wo kann ich den Wagen abstellen?

Waar zijn de toiletten?
waar säjn d^{e} twa(a)lätt^{e}(n)
Wo sind die Toiletten?

Kan je hier fietsen huren?
kann j^{e} hiir fiitß^{e}(n) hüür^{e}(n)
Kann man hier Fahrräder leihen?

Is hier in de buurt een levensmiddelenzaak?
ißß hiir inn d^{e} büürt ^{e}n leev^{e}nßmidd^{e}l^{e}(n)saak
Ist hier in der Nähe ein Lebensmittelgeschäft?

Krank sein

In den Niederlanden erhält man die meisten Medikamente nur auf Rezept. Also ist es besser, für den eigenen Bedarf vorzusorgen. Nicht verschreibungspflichtige Medikamente wie Schmerztabletten findet man in den Filialen der Drogeriemärkte.

An vielen kleineren Orten findet man die Apotheke im Ärztehaus (und somit nicht immer im Zentrum des Ortes).

Waar is er hier een apotheek?
waar ißß ärr hiir ^{e}n appo(o)teek
Wo ist hier eine Apotheke?

Is er hier een arts in de buurt?
ißß ärr hiir ^{e}n arrtß inn d^{e} büürt
Gibt es hier einen Arzt in der Nähe?

Wat heeft u?
watt heeft ü(ü)
Was haben Sie?

Wat doet u pijn?
watt du(u)t ü(ü) päjn
Was tut Ihnen weh?

Ik heb kiespijn.
ikk häpp kiißpäjn
Ich habe Zahnschmerzen.

Ik moet hem trekken.
ikk mu(u)t hämm träkk^e*(n)*
Ich muss ihn ziehen.

Doet het hier pijn?
du(u)t ^{e}*t hiir päjn*
Tut es hier weh?

Ik heb hier pijn.
ikk häpp hiir päjn
Ich habe hier Schmerzen.

Ik heb ...
ikk häpp ...
Ich habe ...

mijn maag bedorven	*mäjn maach b*^{e}*dorrv*^{e}*(n)*	meinen Magen verdorben
mijn arm verstuikt	*mäjn arrm v*^{e}*rßtöükt*	meinen Arm verstaucht
me bezeerd	*m*^{e} *b*^{e}*seert*	mich verletzt
diarree	*di(i)arree*	Durchfall
verstopping	*v*^{e}*rßtopping*	Verstopfung
verkoudheid	*v*^{e}*rkauthäjt*	Schnupfen
pijn	*päjn*	Schmerzen
buikpijn	*böükpäjn*	Bauchschmerzen
hoofdpijn	*hooftpäjn*	Kopfschmerzen
keelpijn	*keelpäjn*	Halsschmerzen

Ik ben ...
ikk bänn ...
Ich bin ...

verkouden	*v^{e}rkaud^e(n)*	erkältet
gevallen	*~~ch~~^{e}vall^e(n)*	gestürzt
bewusteloos geworden	*b^{e}wößßt^{e}looß ~~ch~~^{e}-worrd^e(n)*	ohnmächtig geworden

Het is niets ernstigs.
^{e}t ißß niitß ärrnßt^{e}chß
Es ist nichts Ernstes.

Ik geef u een injectie / tabletjes.
ikk ~~ch~~eef ü(ü) ^{e}n innjäkkßi(i) / tabblättj^{e}ß
Ich gebe Ihnen eine Spritze / Tabletten.

U moet geopereerd worden.
ü(ü) mu(u)t ~~ch~~^{e}o(o)p^{e}reert worrd^e(n)
Sie müssen operiert werden.

Ik moet u verwijzen.
ikk mu(u)t ü(ü) v^{e}rwäjs^e(n)
Ich muss Sie überweisen.

in te nemen voor het eten / na het eten
inn t^e neem^e(n) voor ^{e}t eet^e(n) / naa ^{e}t eet^e(n)
einzunehmen vor dem Essen / nach dem Essen

Beim Arzt

oog (n)	*ooch*	Auge
uitslag	*öütßlach*	Ausschlag
buil	*böül*	Beule
darmwind	*darrmwinnt*	Blähungen

bloeddruk	*blu(u)ddrökk*	Blutdruck
blindedarm-ontsteking	*blinnd^{e}darrm-onntßteeking*	Blinddarm-entzündung
etter	*ätt^{e}r*	Eiter
ontsteking	*onntßteeking*	Entzündung
koorts	*koortß*	Fieber
vinger	*ving^{e}r*	Finger
voet	*vu(u)t*	Fuß
hersens (Pl)	*härrß^{e}nß*	Gehirn
gewricht (n)	*~~ch~~^{e}wricht*	Gelenk
zweer	*sweer*	Geschwür
heesheid	*heeßhäjt*	Heiserkeit
hart	*harrt*	Herz
spit (n)	*ßpitt*	Hexenschuss
heup	*hööp*	Hüfte
enkel	*änk^{e}l*	Knöchel
been (n), **bot** (n)	*been, bott*	Knochen
botbreuk	*bottbröök*	Knochenbruch
hoofd (n)	*hooft*	Kopf
kramp	*krammp*	Krampf
ziekte	*siikt^{e}*	Krankheit
bloedsomloop	*blu(u)tßommloop*	Kreislauf
liesbreuk	*liißbröök*	Leistenbruch
maag	*maach*	Magen
amandelen	*amannd^{e}l^{e}(n)*	Mandeln
nek	*näkk*	Nacken
neusbloeding	*nöößblu(u)ding*	Nasenbluten
bewusteloosheid	*b^{e}wößßt^{e}looßhäjt*	Ohnmacht
oor (n)	*oor*	Ohr
pleister	*pläjßt^{e}r*	Pflaster

vulling	*völling*	Plombe
zalf	*sallf*	Salbe
roodvonk	*roodvonk*	Scharlach
beroerte	*b^{e}ruurt^{e}*	Schlaganfall
rillingen (Pl)	*rilling^{e}(n)*	Schüttelfrost
pees	*peeß*	Sehne
injectie	*innjäkkßi(i)*	Spritze
druppels (Pl)	*dröpp^{e}lß*	Tropfen
ongeval (n)	*onn~~ch~~^{e}vall*	Unfall
verwonding	*v^{e}rwonnding*	Verletzung
tand	*tannt*	Zahn
teen	*teen*	Zehe
verrekking	*v^{e}rräkking*	Zerrung

Beterschap!

beet^{e}rß~~ch~~app

Besserung

Gute Besserung!

Oranje
gem. Midden-Drenthe
ZONE
30
Welkom op de
Drentse
Hooglanden

Wörterbuch

Literaturhinweise

Gängige Lehrbücher in der kursgebundenen Erwachsenenbildung (VHS usw.) stammen von den üblichen deutschen Lehrbuchverlagen.

Wat leuk!
Kompetenzstufen A1 und A2 des Europäischen Referenzrahmens sowie ein kombiniertes Kurs- und Arbeitsbuch für die Stufe B1 (danach kann man meist in der Fremdsprache „frei schwimmen"). Hueber Verlag.

Welkom! neu A1-A2.
Ein Lehr- und ein Übungsbuch mit für beide Kompetenzstufen.

Welkom terug! neu B1.
Wiederum Lehr- und Arbeitsbuch in einem. Klett Verlag.

Niederländisch ohne Mühe heute.
Nach der bewährten Assimil-Methode. Assimil Verlag.

Die folgenden Wörterlisten enthalten einen Grundwortschatz von jeweils ca. 1000 der am meisten gebrauchten Wörter. Alle Wörter, die genauso wie im Deutschen lauten, oder sich leicht erschließen lassen, sind hier nicht aufgenommen worden.

Die Abkürzungen bedeuten:

(n) = Neutrum (sächlich) –
das Wort wird mit dem Artikel **het** verwendet
(alle anderen mit **de**);

(Pl) = Plural:
das Wort steht in der Mehrzahlform,
es ist keine weitere Endung nötig.

Deutsch – Niederländisch

A

Aal paling
abbiegen afslaan
Abend avond;
am A. 's avonds
Abendessen avondeten (n)
aber maar
Abfahrt vertrek (n)
Abfall vuilnis (n), afval
Abschleppdienst takelwagen
ähnlich gelijkaardig
als dan, toen
also dus
alt oud
Angebot aanbieding
Ankunft aankomst
Anlasser starter
anmachen aansteken
anrufen opbellen
anschauen bekijken
ansehen aanzien, toekijken
anziehen aankleden, aantrekken
Anzug kostuum (n), pak (n)
Apfel appel
Apparat toestel (n)
arbeiten werken
Arbeitsstelle baan
Armbanduhr horloge (n)
Ärmel mouw
auch ook
auf op
Aufenthalt verblijf (n)
aufhören ophouden
aufstehen opstaan
Auge oog (n)
aus uit
Ausflug tochtje (n)
ausfüllen invullen
Ausgang uitgang
ausgehen uitgaan
Ausland buitenland (n)
Auspuff uitlaat
außer behalve
außerdem bovendien, behalve dat
aussteigen uitstappen
aussuchen uitzoeken
Austern oesters (Pl)
Ausverkauf uitverkoop
ausziehen uitkleden
Auto fahren autorijden
Autofähre autopont
Autowerkstatt garage

B

Bäckerei bakkerij
Badekabine badhokje (n)
bald gauw, spoedig
Bauer boer
Bauernhof boerderij
Beefsteak biefstuk
begleiten begeleiden
behalten houden
behaupten beweren
Behörde instantie
bei bij
beinahe haast
Beispiel voorbeeld (n);

zum B. bijvoorbeeld
Bekannter kennis
bekommen krijgen
Belgien België
Belgier Belg
Belgierin Belgische
benachrichtigen inlichten
Benehmen gedrag (n)
bequem aangenaam
Beruf beroep (n)
beschäftigt bezig, druk
besetzt bezet
Besuch bezoek (n)
betrunken dronken
Bett bed (n)
Bettdecke deken
Bettwäsche beddengoed (n)
bevor voordat
Bild afbeelding, schilderij (n)
billig goedkoop
Bindfaden paktouwtje (n)
Birne peer
bis tot
bitte (geduzt) alsjeblieft;
(gesiezt) alstublieft
Bleistift potlood (n)
Blinker knipperlicht (n)
Blitz bliksem
Blume bloem
Blumenzwiebel bloembol
Boden vloer
Bremse rem
Briefkasten brievenbus
Briefmarke postzegel, zegel
Briefumschlag envelop
Brötchen broodje (n), kadetje (n)
Brücke brug
Bruder broer
Brunnen put
buchstabieren spellen
Bügeleisen strijkijzer (n)
bügeln strijken
Büro kantoor (n)
Bürste borstel
Bus bus
Butter boter
Buttermilch karnemelk

C

Café tearoom
Crêpes flensjes (Pl)

D

dafür ervoor
dagegen ertegen
daheim thuis
damals toen, destijds
Damenbinde maandverband (n)
danach daarna
das het
dass dat
Deich dijk
dein jouw
demnächst binnenkort
derselbe dezelfde
deshalb dus
Deutsch Duits
dich jou
Dichtung verpakking
dort daar
Dose blin, trommel
Dosenöffner blikopener
draußen buiten
drehen draaien
drüben daar
du jij

Düne duin (n)
dunkel donker
durch door
Durchfahrt doortocht
dürfen mogen
Dusche douche

E

Ecke hoek
Ehe huwelijk (n)
Ehefrau echtgenote
Ehemann echtgenoot
eher liever
Ehering trouwring
einander elkaar
Einfahrt inrit
einkaufen inkopen
einladen uitnodigen
einmal: auf ei. ineens, opeens
einsteigen instappen
Eintrittskarte entreekaartje (n)
einzig enig, enkel
Eis ijs (n)
Eltern ouders (Pl)
Empfang ontvangst (n)
endlich eindelijk
eng nauw
Englisch Engels
Enkel kleinkind (n)
Enkelin kleindochter
Entwicklung ontwikkeling
er hij
Erdbeeren aardbeien (Pl)
Erde aarde
Erdgeschoss benedenverdieping
Erfrischung verfrissing
Ergebnis uitslag
erhalten behouden
erholen bijkomen
erinnern herinneren
Erkältung kou, verkoudheid
erklären uitleggen, verklaren
erlauben toestaan
erschrecken schrikken
erstens teneerste
erzählen vertellen
es het
essen eten
Essig azijn
etwas iets
euch jullie
euer jullie

F

Fähre pont, veer (n)
fahren rijden
Fahrer bestuurder
Fahrkarte kaartje (n)
Fahrrad fiets
Fahrt rit
falls indien
falsch vals
falsch fout
Familie gezin (n)
Familienname achternaam
Farbe kleur
farbig gekleurd
faul lui
fehlen ontbreken
Fehler fout
Feiertag feestdag
Fenster raam (n)
Fensterscheibe ruit
Ferienwohnung vakantiehuis (n)
fertig gereed
fest vast

Feuerlöscher brandblusser
Feuerzeug aansteker
Fieber koorts
Fisch vis
Fischfang visvangst
Fischgeschäft viswinkel
Flämisch Vlaams
Flasche fles
Fleisch vlees (n)
Fleischwurst worst
Flughafen luchthaven, vliegveld (n)
Flugzeug vliegtuig (n)
Fluss rivier
flüssig vloeibaar
Flusskrebs rivierkreeft
Fotoapparat fototoestel (n)
Frage vraag
Französisch Frans
Frau mevrouw
Freude vreugde
Freund(in) vriend(in)
Friede vrede
Friedhof kerkhof (n)
frieren het koud hebben
frisch vers, fris
froh blij
früh vroeg
früher eerder
Frühling lente, voorjaar (n)
Frühstück ontbijt (n)
fühlen voelen
führen leiden
Führerschein rijbewijs (n)
für voor
Furcht vrees
Fußball voetbal

G

Gabel vork
Gang versnelling
ganz geheel, heel
Garten tuin
Gasse steeg
Gebäck koek
Gebäude pand (n)
geben reiken;
es gibt er is / zijn
Geburt geboorte
Geburtstag verjaardag
gedünstet gestoofd
gefallen bevallen
Gefängnis gevangenis
Gefühl gevoel (n)
gegen tegen
Gegend streek
Gegenteil: Im G. integendeel
Gehalt salaris (n)
gehen gaan, lopen
gelb geel
Geldstrafe boete
Gemüse groente
genug genoeg
geöffnet open
Gepäck bagage
Gepäckschein bagagelabel (n)
gerade recht
geradeaus rechtdoor
Geräusch geluid (n)
gerecht billijk
Gericht rechtbank, gerechtshof (n)
gerne graag
Geschäft winkel
Geschenk cadeau (n)
Geschichte geschiedenis
Geschirr vaat

geschlossen gesloten
Geschwindigkeit snelheid
gestern gisteren
Getränk drank
Getriebe versnellingsbak
Gewitter onweer (n)
Gewürze kruiden (Pl)
Glaube geloof (n)
glauben geloven
gleich gelijk
Gleis rails (Pl)
Glück geluk (n)
grau grijs
Größe maat
grün groen
Grund reden
Grundschullehrer onderwijzer
Gulden gulden
gültig geldig
Gurke augurk
gut goed
Gutschein waardebon

H

Haarklammer haarspeld
haben hebben
Hafen haven
Haftpflichtversicherung WA-verzekering
Hals keel
Handschuh handschoen
Handtuch handdoek
hässlich lelijk
häufig vaak
Hauptbahnhof centraal station (n)
Hauptstraße hoofdstraat
Haut huid
Heftzwecke punaise
heiraten trouwen
heiß heet
heißen heten
heizen stoken
Heizung verwarming
hell licht
Hemd overhemd (n)
Herbst herfst, najaar (n)
herein binnen
Hering (geräuchert) bokking
Herr heer
Herz hart (n)
heute vandaag;
h. Abend vanavond;
h. Nacht vannacht
Hilfe hulp
hinlegen neerleggen
hinter achter
Holz hout (n)
hören horen
Hose broek
hübsch mooi
Huhn kip
Hühnersuppe kippensoep
Hund hond
Hupe claxon
Hütte keet

I

ich ik
ihm, ihn hem
ihr jullie;
(Besitz) haar
immer altijd
Insel eiland (n)
inzwischen intussen
irgendwo ergens

J

jeder elke, ieder
jedoch echter
jemand iemand
jetzt nu
Jugend jeugd
Junge jongen
Junggeselle vrijgezel

K

Kaffee koffie
Kalbfleischroulade blinde vinken
kalt koud
kaputt stuk
Karotte wortel
Kartoffel aardappel
Käse kaas
kaufen kopen
kaum nauwelijks
Keilriemen V-snaar
kein geen
Keks koekje (n)
Kellner ober
Kellnerin serveerster
Kerze kaars
Kette ketting
Kino bioscoop
Kirche kerk
Kissen kussen (n)
Klebeband plakband (n)
Klebstoff lijm
Kleid jurk
Kleiderbügel klerenhanger
klingeln bellen
klug knap
Kneipe kroeg
Knoten knoop
kochen koken
kochen (Tee) zetten
Kocher kookstel (n)
Kolben zuiger
Konditorei banketbakker
König koning
Konservendose blikje (n)
Kopf hoofd (n)
Kopfkissen hoofdkussen (n)
Kopfschmerzen hoofdpijn
Korb mand
Korkenzieher kurkentrekker
Körper lichaam (n)
krank ziek
Krankenhaus ziekenhuis (n)
Krankenpfleger verpleger
Krankenschwester verpleegster
Krebs kreeft
Kreuzung kruispunt (n)
Krieg oorlog
Küche keuken
Kugelschreiber ballpoint
Kühler radiator
Kurbelwelle krukas
Kurs koers
Kurve bocht
küssen kussen

L

Lachs zalm
Lakritz drop
Landstraße B-weg
langweilig saai
lassen laten
Lautsprecher luidspreker
Lebensmittel levensmiddelen (Pl), voedingsmiddelen (Pl)

Lebensmittelgeschäft kruidenier
Leder leer (n)
ledig ongehuwd
leer leeg
Lehrer docent
Lehrerin lerares
leicht gemakkelijk
leider helaas
leihen lenen
Leiter ladder
Leuchtturm vuurtoren
Lidschatten oogschaduw
Liebe liefde
Limonade limonade
Loch gat (n)
Löffel lepel
Luft lucht
lustig grappig

M

Mädchen meisje (n)
Mal keer
manchmal soms
Mannschaft elftal (n)
Mantel jas
Marmelade jam
mein mijn
meinen (jemanden) bedoelen
Mensch mens
merken gewaarworden;
sich etwas m. onthouden
Messer mes (n)
Metzgerei slagerij
mich mij, me
mieten huren
Milch melk
Milchgeschäft melkboer
mir mij, me
mitbringen meebrengen
mitnehmen meenemen
Mittagessen lunch
Mofa bromfiets
mögen houden van
Monat maand
Mond maan
Motorrad motor(fiets)
Morgen: am M. 's ochtends
Möwe meeuw
Mücke mug
müde moe, vermoeid
Mühle molen
Münze munt
Muscheln mosselen (Pl)
müssen moeten
Mutter moeder

N

nach na, naar
Nachbar buurman
Nachbarin buurvrouw
nachher naderhand, later
Nachmittag middag
nachmittags 's middags
Nachrichten nieuws (n)
Nagel spijker
Nagellackentferner nagellak-remover
nass nat
Nebel mist
Neffe neef
nett aardig, fraai
neu nieuw
neulich onlangs
nicht niet
Nichte nichtje
nichts niets

nie nooit
niedrig laag
noch nog
Notausgang nooduitgang
nützlich nuttig

O

ob of
oben boven
Obst fruit (n)
obwohl hoewel
oder of
Ofen kachel
offen geopend
oft dikwijls
ohne zonder
Ölstand oliepeil (n)
Oma grootmoeder
Onkel oom
Orangensaft sinaasappelsap
Ostern Pasen
Österreich Oostenrijk

P

Personalausweis identiteitsbewijs (n)
Pfannkuchen pannenkoek; (kleiner) poffertje (n)
Pfeife pijp
Pferd paard (n)
Pfirsich perzik
Pflaume pruim
Pilz paddestoel
Platz plein (n), plaats
Pommes frites friet, patat
Porree prei
Postkarte ansichtkaart
Predigt preek
Pullover trui
pünktlich stipt

Q / R

Quittung kwitantie
Rabatt korting
Rad wiel (n)
Radiergummi gum
Radio radiotoestel (n)
Rasierapparat scheerapparat
rasieren scheren
rauchen roken
Rechnung rekening
rechtzeitig bijtijds, tijdig
reden praten, spreken
Regenmantel regenjas
Regenschirm paraplu
Reifen band
Reinigung stomerij
Reis rijst
Reiseziel reisdoel (n)
Reißverschluss ritssluiting
Rest overschot (n)
Restaurant (einfach) eethuis (n)
Rosenkohl spruitje (n)
Rückfahrt terugreis
rückwärts achteruit
rudern roeien
rufen roepen
ruhig rustig
Rundfahrt rondrit

S

Saft jus, sap (n)
sagen opmerken, zeggen
Salat sla
Salz zout (n)
Sardellen ansjovis
Satz zin
sauber helder, schoon
sauer zuur
Schachtel pakje (n)
schaden kwaad doen
Schallplatte plaat
Schalter schakelaar;
(Kasse) loket (n)
scharf scherp
Schatten schaduw
schauen kijken
Scheibenwischer ruitenwisser
scheinen lijken
Scheinwerfer koplamp
Schere schaar
schicken sturen
Schiff schip (n)
schlafen slapen
Schlafzimmer slaapkamer
Schlange (Warte-) rij;
Sch. stehen in de rij staan
schlau slim, sluw
Schleuse sluis
schließen dichtdoen
schlimm erg
Schlüssel sleutel
Schmerz pijn
schmerzhaft pijnlijk
Schmuck sieraad (n)
Schmutz vuil (n)
schmutzig smerig
schneien sneeuwen
schnell vlug
Schnellgaststätte cafetaria
Schnürsenkel schoenveter
schon al
schön fraai
Schraube schroef
Schreibwarengeschäft kantoorboekhandel
schreien schreeuwen
Schuh schoen
Schuhcreme schoensmeer
Schule school
Schutzhelm valhelm
Schwamm spons
Schweiz Zwitserland
Schwester zus
schwierig lastig, moeilijk
Schwimmbad zwembad (n)
seekrank zeeziek
sehen zien
Seife zeep
Seil kabel, touw (n)
sein zijn
seit sedert, sinds
seitdem sindsdien
Seite kant, zijde
Senf mosterd
setzen plaatsen
sicher veilig
Sicherheitsgurt veiligheidsriem
Sicherung zekering
sie zij
Sie u
so: s. ein zulk
sofort meteen
Sommer zomer
sonst verder
Spargel asperges (Pl)
spät laat
Speisekarte spijskaart

Spielplatz speelplein (n)
Spielzeug speelgoed (n)
Spirituosengeschäft slijterij
Spitze punt, top
Sportplatz sportveld (n)
Sprache taal
Spülung (door)spoeling
Stadtplan plattegrond
Stadtteil buurt, wijk
Steckdose stopcontact (n)
Stecknadel speld
stehen staan
Steinbutt tarbot
stellen neerzetten
Stern ster
Stockwerk verdieping
Stoßstange bumper
Strammer Max uitsmijter
Straßenbahn tram
Streichholz lucifer
Streichholzschachtel lucifersdoosje (n)
Stuhl stoel
Stunde uur (n)
süß zoet
Süßwarengeschäft snoepwinkel

T

Tabak shag
tagsüber overdag
Tankstelle pompstation (n)
Taschenlampe zaklantaarn
Taschentuch zakdoek
Tasse kopje (n)
täuschen, sich zich vergissen
tausend duizend
Teller bord (n)
teuer duur
Thunfisch tonijn
tief diep
Tintenfisch inktvis
Tisch tafel
Topf pan
Trauben druiven (Pl)
träumen dromen
traurig verdrietig
trinken drinken
Trinkgeld fooi
trocken droog
Tropfen druppel
trotzdem desondanks
Tuch doek
Tür deur
Turm toren
Tüte zakje (n)

U

über over
überholen inhalen
überrascht verrast
übersetzen vertalen
Überstunde overuur
Umleitung omleiding
umsteigen overstappen
umtauschen omwisselen
umziehen verhuizen;
sich u. verkleden
unbedingt beslist
und en
Unfall ongeluk (n)
unser ons, onze
unten beneden
Unterführung viaduct (n)
unterhalten onderhouden
Unterschied verschil (n)
unterschreiben ondertekenen

Unterschrift handtekening
Untertasse schotel
Unterwäsche ondergoed (n)
Urlaub vakantie

V

Ventil (Motor-) klep
verabreden afspreken
verdorben rot
vergangen verleden
Vergaser carburateur
verheiratet gehuwd, getrouwd
Verkäuferin verkoopster
verlangen eisen
Verlobte(r) verloofde
vermieten verhuren
verrückt gek
Versehen: aus V. per ongeluk
Versicherung verzekering
Verspätung vertraging
versprechen beloven
verstehen begrijpen
versuchen proeven
Verteiler stroomverdeler
Vertreter vertegenwoordiger
Verwaltung bestuur (n)
Verzeihung vergeving
viel veel
vielleicht misschien
vor geleden
vorgestern eergisteren
Vormittag ochtend
vormittags 's ochtends
Vorort buitenwijk
Vorspeise voorgerecht (n)
vorziehen (lieber haben) verkiezen

W

wach wakker
wachsen groeien
Wagenheber krik
wählen kiezen
während gedurende
Wald bos (n)
Wand muur
wandern trekken
Wanduhr klok
Waschbecken wastafel
Wäsche wasgoed (n)
Wasser water (n)
wechseln (Geld) wisselen
weder ... noch noch ... noch
weich teer
Weihnachten Kerstmis
weil omdat
weiter voorts, verder
Welt wereld
weniger minder
wenn als, wanneer
wer wie
werden (Passiv) worden; (Zukunft) zullen
werfen gooien
Werkstatt werkplaats
Werkzeug gereedschap (n)
Wetter weer (n)
wichtig belangrijk
wie hoe; w. viel hoeveel
wieder weer
wiederholen herhalen
Wiedersehen: auf W. tot ziens
Wiese wei
wieso hoezo
wir wij, we

wissen weten
Witz grap, mop
wo waar
Woche week
Wohnung flat
Wohnwagen caravan
Wohnzimmer woonkamer
wünschen wensen

Z

Zahl getal (n)
zählen tellen
Zahn tand
Zahnbürste tandenborstel
Zange tang
zart week
Zaun hek (n)
zeigen tonen, wijzen
Zeit tijd
Zeitung krant
Zelt tent
Zeugnis getuigenis
ziehen trekken
ziemlich tamelijk
Zimmer kamer, vertrek (n)
zu te;
z. viel teveel
Zucker suiker
zufällig toevallig
Zug trein
zuletzt tenslotte
Zündkerze bougie
zurück terug
zurzeit momenteel
zusammen samen
Zusammenstoß botsing
zweiter tweede
Zwiebel ui
zwischen tussen

Niederländisch – Deutsch

A

aanbieding Angebot
aangenaam bequem
aankleden anziehen
aankomst Ankunft
aansteken anmachen
aansteker Feuerzeug
aantrekken anziehen
aanzien ansehen
aardappel Kartoffel
aardbeien (Pl) Erdbeeren
aarde Erde
aardig nett
achter hinter
achternaam Familienname
achteruit rückwärts
afbeelding Bild
afslaan abbiegen
afspreken verabreden
afval Abfall
al schon
als wenn
alsjeblieft bitte (geduzt)
alstublieft bitte (gesiezt)
altijd immer
ansjovis Sardellen
appel Apfel
asperges (Pl) Spargel

augurk Gurke (sauer)
autopont Autofähre
autorijden Autofahren
avond Abend;
's avonds am Abend
avondeten (n) Abendessen
azijn Essig

B

baan Arbeitsstelle
badhokje (n) Badekabine
bagage Gepäck
bakkerij Bäckerei
ballpoint Kugelschreiber
band Reifen
banketbakker Konditorei
bed (n) Bett
beddegoed (n) Bettwäsche
bedoelen (jem.) meinen
begeleiden begleiten
begrijpen verstehen
behalve außer;
b. dat außerdem
behouden erhalten
bekijken anschauen
belangrijk wichtig
Belg Belgier
België Belgien
Belgische Belgierin
bellen klingeln
beloven versprechen
beneden unten
benedenverdieping Erdgeschoss
beroep (n) Beruf
beslist unbedingt
bestuur (n) Verwaltung
bestuurder Fahrer
bevallen gefallen
beweren behaupten
bezet besetzt
bezig beschäftigt
bezoek (n) Besuch
biefstuk Beefsteak
bij bei
bijkomen erholen
bijtijds rechtzeitig
bijvoorbeeld zum Beispiel
billijk gerecht
binnen herein
binnenkort demnächst
bioscoop Kino
blij froh
blikje (n) Konservendose
blikopener Dosenöffner
bliksem Blitz
blinde vinken Kalbfleischroulade
bloem Mehl, Blume
bloembol Blumenzwiebel
bocht Kurve
boer Bauer
boerderij Bauernhof
boete Geldstrafe
bokking Hering (geräuchert)
bord (n) Teller
borstel Bürste
bos (n) Wald
boter Butter
botsing Zusammenstoß
bougie Zündkerze
boven oben
bovendien außerdem
brandblusser Feuerlöscher
briefkaart Postkarte
brievenbus Briefkasten
broek Hose
broer Bruder
bromfiets Mofa
brood (n) Brot

broodje (n) Brötchen
brug Brücke
buiten draußen
buitenland (n) Ausland
buitenwijk Vorort
bumper Stoßstange
bus Dose, Bus
buurman Nachbar
buurt Stadtteil
buurvrouw Nachbarin
B-weg Landstraße

C

cadeau (n) Geschenk
cafetaria Schnellgaststätte
caravan Wohnwagen
carburateur Vergaser
centraal station (n) Hauptbahnhof
claxon Hupe

D

daar dort
daar drüben
daarna danach
dan als
dat dass
deken Bettdecke
desondanks trotzdem
destijds damals
deur Tür
dezelfde derselbe
dichtdoen schließen
diep tief
dijk Deich
dikwijls oft
docent Lehrer
doek Tuch
donker dunkel
door durch
doorspoeling Spülung
doortocht Durchfahrt
douche Dusche
draaien drehen
drank Getränk
drinken trinken
drom Menge, Haufen
dromen träumen
dronken betrunken
droog trocken
drop Lakritz
druiven (Pl) Trauben
druk beschäftigt
druppel Tropfen
duin (n) Düne
Duits Deutsch
duizend tausend
dus also, deshalb
duur teuer

E

echter jedoch
echtgenoot Ehemann
echtgenote Ehefrau
eerder früher
eergisteren vorgestern
eethuis (n) Restaurant (einfach)
eiland (n) Insel
eindelijk endlich
eisen verlangen
elftal (n) Mannschaft (Fußball)
elkaar einander
elke jeder
en und

Engels Englisch
enig einzig
enkel einzig; Knöchel
entreekaartje (n) Eintrittskarte
envelop Briefumschlag
erg schlimm; sehr
ergens irgendwo
ertegen dagegen
ervoor dafür
eten essen

F

feestdag Feiertag
fiets Fahrrad
flat Wohnung
flensjes (Pl) Crêpes
fles Flasche
fooi Trinkgeld
fototoestel (n) Fotoapparat
fout falsch, Fehler
fraai schön, nett
Frans Französisch
friet Pommes frites
fruit (n) Obst

G

gaan gehen
garage Autowerkstatt
gat (n) Loch
gauw bald
geboorte Geburt
gedrag (n) Benehmen
gedurende während
geel gelb
geen kein
geheel ganz
gehuwd verheiratet
gek verrückt
gekleurd farbig
geldig gültig
geleden vor
gelijk gleich
gelijkaardig ähnlich
geloof (n) Glaube
geloven glauben
geluid (n) Geräusch
geluk (n) Glück
gemakkelijk leicht
genoeg genug
geopend offen
gerechtshof (n) Gericht
gereed fertig
gereedschap (n) Werkzeug
geschiedenis Geschichte
gesloten geschlossen
gestoofd gedünstet
getal (n) Zahl
getrouwd verheiratet
getuigenis Zeugnis
gevangenis Gefängnis
gevoel (n) Gefühl
gewaarworden merken
gezin (n) Familie
gisteren gestern
goed gut
goedkoop billig
gooien werfen
graag gerne
grap Witz
grappig lustig
grijs grau
groeien wachsen
groen grün
groente Gemüse
grootmoeder Oma
gum Radiergummi

H

haar ihr (Besitz)
haarspeld Haarklammer
haast beinahe
handdoek Handtuch
handschoen Handschuh
handtekening Unterschrift
hart (n) Herz
haven Hafen
hebben haben
heel ganz
heer Herr
heet heiß
hek (n) Zaun
helaas leider
helder klar
hem ihn, ihm
herfst Herbst
herhalen wiederholen
herinneren erinnern
het es, das
heten heißen
hij er
hoe wie
hoek Ecke
hoeveel wieviel
hoewel obwohl
hoezo wieso
hond Hund
hoofd (n) Kopf
hoofdkussen (n) Kopfkissen
hoofdpijn Kopfschmerzen
hoofdstraat Haupstraße
horen hören
horloge (n) Armbanduhr
houden behalten;
h. van mögen
hout (n) Holz
huid Haut
hulp Hilfe
huren mieten
huwelijk (n) Ehe

I

identiteitsbewijs (n) Personal-ausweis
ieder jeder
iemand jemand
iets etwas
ijs (n) Eis
ik ich
indien falls
ineens auf einmal
inhalen überholen
inkopen einkaufen
inktvis Tintenfisch
inlichten benachrichtigen
inrit Einfahrt
instantie Behörde
instappen einsteigen
integendeel im Gegenteil
intussen inzwischen
invullen ausfüllen

J

jam Marmelade
jas Mantel
jeugd Jugend
jij du
jongen Junge
jou dich, dir
jouw dein
jullie ihr, euer, euch

jurk Kleid
jus Saft, Soße

K

kaars Kerze
kaartje (n) Fahrkarte
kaas Käse
kabel Seil
kachel Ofen
kadetje (n) Brötchen
kamer Zimmer
kant Seite
kantoor (n) Büro
kantoorboekhandel Schreibwarenladen
karnemelk Buttermilch
katoen Baumwolle
keel Hals
keer Mal
keet Hütte
kennis Bekannter
kerk Kirche
kerkhof (n) Friedhof
Kerstmis Weihnachten
ketting Kette
keuken Küche
kiezen wählen
kijken schauen
kip Huhn
kippensoep Hühnersuppe
kleindochter Enkelin
kleinkind (n) Enkel
klep Ventil (Motor)
klerenhanger Kleiderbügel
kleur Farbe
klok Wanduhr
knap klug
knipperlicht (n) Blinker
knoop Knoten
koek Gebäck
koekje (n) Keks
koers Kurs
koffie Kaffee
koken kochen
koning König
kookstel (n) Kocher
koorts Fieber
kopen kaufen
kopje (n) Tasse
koplamp Scheinwerfer
korting Rabatt
kostuum (n) Anzug
kou Erkältung
koud kalt;
het k. hebben frieren
krant Zeitung
kreeft Krebs
krijgen bekommen
krik Wagenheber
kroeg Kneipe
kruiden (Pl) Gewürze
kruidenier Lebensmittelgeschäft
kruispunt Kreuzung
krukas Kurbelwelle
kurkentrekker Korkenzieher
kussen küssen
kussen (n) Kissen
kwaad: kw. doen schaden
kwitantie Quittung

L

laag niedrig
laat spät
ladder Leiter
lastig schwierig
laten lassen

later nachher
leeg leer
leer (n) Leder
leiden führen
lelijk hässlich
lenen leihen
lente Frühjahr
lepel Löffel
lerares Lehrerin
lesuur Unterrichtsstunde
levensmiddelen (Pl) Lebensmittel
lichaam (n) Körper
licht hell, leicht
liefde Liebe
liever eher
lijken scheinen
lijm Klebstoff
loket (n) Schalter (Kasse)
lopen gehen
lucht Luft
lucifer Streichholz
lucifersdoosje (n) Streichholzschachtel
lui faul
luidspreker Lautsprecher
lunch Mittagessen

M

maan Mond
maand Monat
mandverband (n) Damenbinde
maar aber
maat Größe
mand Korb
mascara Wimperntusche
me mich, mir
meebrengen mitbringen
meenemen mitnehmen
meeuw Möwe
meisje (n) Mädchen
melk Milch
melkboer Milchgeschäft
mens Mensch
mes (n) Messer
meteen sofort
mevrouw Frau (Anrede)
middag Nachmittag;
's middags nachmittags
mij mich, mir
mijn mein
minder weniger
misschien vielleicht
mist Nebel
moe müde
moeder Mutter
moeilijk schwierig
moeten müssen
mogen dürfen
molen Mühle
momenteel zurzeit
mooi hübsch
mop Witz
mosselen (Pl) Muscheln
mosterd Senf
motor(fiets) Motorrad
mouw Ärmel
mug Mücke
munt Münze
muur Wand

N

na nach
naar nach
naderhand nachher
nagellakremover Nagellackentferner

najaar (n) Herbst
nat nass
nauw eng
nauwelijks kaum
neef Neffe, Cousin
neerleggen hinlegen
neerzetten stellen
nicht Nichte, Cousine
niet nicht
niets nichts
nieuw neu
nieuws (n) Nachrichten
noch ... noch weder ... noch
nog noch
nooduitgang Notausgang
nooit nie
nu jetzt
nuttig nützlich

O

ober Kellner
ochtend Vormittag;
's ochtends am Morgen, vormittags
oesters (Pl) Austern
of oder, ob
oliepeil (n) Ölstand
omdat weil
omleiding Umleitung
omwisselen umtauschen
ondergoed (n) Unterwäsche
onderhouden unterhalten
ondertekenen unterschreiben
onderwijzer Grundschullehrer
ongehuwd ledig
ongeluk (n) Unfall;
per o. aus Versehen
onlangs neulich
ons unser
ontbijt (n) Frühstück
ontbreken fehlen
onthouden (sich etwas) merken
ontvangst (n) Empfang
ontwikkeling Entwicklung
onweer (n) Gewitter
onze unser(e)
oog (n) Auge
oogschaduw Lidschatten
ook auch
oom Onkel
oorlog Krieg
Oostenrijk Österreich
op auf
opbellen anrufen
opeens auf einmal
open geöffnet
ophouden aufhören
opinie Meinung
opmerken sagen
opstaan aufstehen
ossenstaartsoep Ochsenschwanzsuppe
oud alt
ouders (Pl) Eltern
over über
overdag bei Tag
overhemd (n) Hemd
overschot (n) Rest
overstappen umsteigen
overuur (n) Überstunde

P

paard (n) Pferd
paddestoel Pilz
pak (n) Anzug
pakje (n) Schachtel

pakking Dichtung
paktouwtje (n) Bindfaden
paling Aal
pan Topf
pand (n) Gebäude
pannenkoek Pfannkuchen
paraplu Regenschirm
Pasen Ostern
peer Birne
perzik Pfirsich
pijn Schmerz
pijnlijk schmerzhaft
pijp Pfeife
plaat Schallplatte
plaats Platz
plaatsen setzen
plakband (n) Klebeband
plattegrond Stadtplan
plein (n) Platz
poffertje (n) Pfannkuchen (klein)
pompstation (n) Tankstelle
pont Fähre
postzegel Briefmarke
potlood (n) Bleistift
praten reden
preek Predigt
prei Porree, Lauch
proeven versuchen
pruim Pflaume
punaise Heftzwecke
punt Spitze
put Brunnen

R

raam (n) Fenster
radiator Kühler
radiotoestel (n) Radio
rails (Pl) Gleis
rechtbank Gericht
rechtdoor gerade
rechtuit geradeaus
reçu (n) Gepäckschein
reden Grund
regenjas Regenmantel
reiken geben
reisdoel (n) Reiseziel
rekening Rechnung
rem Bremse
rij: in de r. staan Schlange stehen
rijbewijs (n) Führerschein
rijden fahren
rijst Reis
rit Fahrt
ritssluiting Reißverschluss
rivier Fluss
rivierkreeft Flusskrebs
roeien rudern
roepen rufen
roken rauchen
rondrit Rundfahrt
rot verdorben
ruit Fensterscheibe
ruitenwisser Scheibenwischer
rustig ruhig

S

saai langweilig
salaris (n) Gehalt
samen zusammen
schaar Schere
schaduw Schatten
schakelaar Schalter
scheerapparat (n) Rasierapparat
scheren rasieren
scherp scharf
schilderij (n) Bild, Malerei

schip (n) Schiff
schoen Schuh
schoensmeer Schuhcreme
schoenveter Schnürsenkel
school Schule
schoon sauber
schotel Untertasse
schreeuwen schreien
schrikken erschrecken
schroef Schraube
sedert seit
serveerster Kellnerin
shag Tabak
sieraad (n) Schmuck
sinaasappelsap Orangensaft
sinds seit
sindsdien seitdem
sla Salat
slaapkamer Schlafzimmer
slagerij Metzgerei
slapen schlafen
sleutel Schlüssel
slijterij Spirituosengeschäft
slim schlau
sluis Schleuse
sluw schlau
smerig schmutzig
sneeuwen schneien
snelheid Geschwindigkeit
snoepwinkel Süßwarengeschäft
soms manchmal
speelgoed (n) Spielzeug
speelplaats Spielplatz
speld Stecknadel
spellen buchstabieren
spijker Nagel
spijskaart Speisekarte
spoedig bald
spons Schwamm
sportveld (n) Sportplatz
spreken reden
spruitje (n) Rosenkohl
staan stehen
starter Anlasser
steeg Gasse
ster Stern
stipt pünktlich
stoel Stuhl
stoken heizen
stomerij Reinigung
stopcontact (n) Steckdose
streek Gegend
strijken bügeln
strijkijzer (n) Bügeleisen
stroomverdeler Verteiler
stuk kaputt
sturen schicken
suiker Zucker

T

taal Sprache
tafel Tisch
takelwagen Abschleppdienst
tamelijk ziemlich
tand Zahn
tandenborstel Zahnbürste
tang Zange
tarbot Steinbutt
te zu
tearoom Café
teer weich
tegen gegen
tellen zählen
teneerste erstens
tenslotte zuletzt
tent Zelt
terug zurück
terugreis Rückfahrt

teveel zu viel
thuis daheim
tijd Zeit
tijdig rechtzeitig
tochtje (n) Ausflug
toekijken ansehen
toen damals, als
toestaan erlauben
toestel (n) Apparat
toevallig zufällig
tonen zeigen
tonijn Tunfisch
top Spitze
toren Turm
tot bis
touw (n) Seil
tram Straßenbahn
trein Zug
trekken ziehen; wandern
trouwen heiraten
trouwring Ehering
trui Pullover
tuin Garten
tussen zwischen
tweede zweiter

U

u Sie
ui Zwiebel
uit aus
uitgaan ausgehen
uitgang Ausgang
uitkleden ausziehen
uitlaat Auspuff
uitleggen erklären
uitnodigen einladen
uitslag Ergebnis
uitsmijter Strammer Max
uitstappen aussteigen
uitverkoop Ausverkauf
uitzoeken aussuchen
uur (n) Stunde

V

vaak häufig
vaat Geschirr
vakantie Urlaub
vakantiehuis (n) Ferienwohnung
valhelm Schutzhelm
vals falsch
vanavond heute Abend
vandaag heute
vannacht heute Nacht
vast fest
veel viel
veer (n) Fähre
veilig sicher
veiligheidsriem Sicherheitsgurt
verblijf (n) Aufenthalt
verder weiter, ferner
verdieping Stockwerk
verdrietig traurig
verfrissing Erfrischung
vergeving Verzeihung
vergissen: zich v. sich täuschen
verhuizen umziehen
verhuren vermieten
verjaardag Geburtstag
verkiezen vorziehen, lieber haben
verklaren erklären
verkleden sich umziehen
verkoopster Verkäuferin
verkoudheid Erkältung
verleden vergangen
verloofde Verlobte(r)

vermoeid müde
verpleegster Krankenschwester
verpleger Krankenpfleger
verrast überrascht
vers frisch
verschil (n) Unterschied
versnelling Gang
versnellingsbak Getriebe
vertalen übersetzen
vertegenwoordiger Vertreter
vertellen erzählen
vertraging Verspätung
vertrek (n) Abfahrt, Zimmer
verwarming Heizung
verzekering Versicherung
viaduct (n) Unterführung
vis Fisch
visvangst Fischfang
viswinkel Fischgeschäft
Vlaams Flämisch
vlees (n) Fleisch
vliegtuig (n) Flugzeug
vliegveld (n) Flughafen
vloeibaar flüssig
vloer Boden
vlug schnell
voedingsmiddelen (n) Lebensmittel
voelen fühlen
voetbal Fußball
voor für
voorbeeld (n) Beispiel
voordat bevor
voorgerecht (n) Vorspeise
voorjaar (n) Frühling
vork Gabel
vraag Frage
vrede Friede
vrees Furcht
vreugde Freude
vriend(in) Freund(in)
vrijgezel Junggeselle
vroeg früh
V-snaar Keilriemen
vuil (n) Schmutz
vuilnis (n) Abfall
vuurtoren Leuchtturm

W

waar wo
waardebon Gutschein
wakker wach
wanneer wann; wenn
wasgoed (n) Wäsche
wastafel Waschbecken
water (n) Wasser
WA-verzekering Haftpflichtversicherung
we wir
week Woche; zart
weer wieder
weer (n) Wetter
wei Wiese
wensen wünschen
wereld Welt
werken arbeiten
werkplaats Werkstatt
weten wissen
wie wer
wiel (n) Rad
wij wir
wijk Stadtteil
wijzen zeigen
winkel Geschäft
wisselen wechseln (Geld)
woonkamer Wohnzimmer
worden werden (Passiv)
worst Fleischwurst
wortel Karotte

Z

zakdoek Taschentuch
zakje (n) Tüte
zaklantaarn Taschenlampe
zalm Lachs
zeep Seife
zeeziek seekrank
zegel (Brief-)Marke
zeggen sagen
zekering Sicherung
zetten kochen (Tee)
ziek krank
ziekenhuis (n) Krankenhaus
zien sehen;
tot ziens auf Wiedersehen
zij sie
zijn sein;
er is / zijn es gibt
zin Satz; Lust
zoet süß
zomer Sommer
zonder ohne
zout (n) Salz
zuiger Kolben
zulk so ein
zullen werden
zus Schwester
zuur sauer
zwembad (n) Schwimmbad
Zwitserland Schweiz

Notizen

Der Autor

Dr. med. O'Niel V. Som, geboren 1966 in Essen, lebt heute in der Nähe von Heidelberg und arbeitet als Arzt in einem Krankenhaus.

„In fast allen herkömmlichen Lehrbüchern ist zu viel Grammatik enthalten, die man in der Umgangssprache nicht benötigt, und die mündliche Konversation kommt viel zu kurz.

Man lernt eine Sprache am besten im Lande und mit Freunden zusammen. Dieses Buch können Sie als Anleitung für die ersten Gespräche benutzen. Sollten Sie Fragen oder Verbesserungsvorschläge haben, schreiben Sie mir bitte an die Verlagsadresse."

Impressum

Dr. med. O'Niel V. Som
Niederländisch – Wort für Wort

erschienen im
Reise Know-How Verlag Peter Rump GmbH,
Osnabrücker Str. 79, 33649 Bielefeld

16. neu bearbeitete und verbesserte Auflage 2023

ISBN 978-3-8317-6587-4

Gestaltung und Bearbeitung: der Verlag
Kartografie: Thomas Buri
Fotos: AdobeStock: Noppasinw (Umschlag), rob3rt82 (S. 9), Ruud Morijn (S.11), mandritoiu (S. 61), Sander Meertins (S. 130), eclypse78 (S. 131), der Autor (S. 158)
Druck und Bindung
mediaprint solutions GmbH, Paderborn

Bibliografische Information der Deutschen Nationalbibliothek
Die Deutsche Nationalbibliothek verzeichnet diese Publikation in der Deutschen Nationalbibliografie; detaillierte bibliografische Daten sind im Internet über http://dnb.dnb.de abrufbar.

Reise Know-How Bücher finden Sie in allen gut sortierten Buchhandlungen.
Falls nicht, kann Ihre Buchhandlung unsere Bücher hier bestellen:
D: Prolit, prolit.de und alle Barsortimente
A: Freytag-Berndt und Artaria KG, freytagberndt.com
CH: AVA Verlagsauslieferung AG, ava.ch
B, Lux, NL: Willems Adventure, willemsadventure.nl
oder direkt über den Verlag: www.reise-know-how.de

Effektiver Sprachen lernen – **Aussprache** trainieren

1. In diesem Buch gibt es kostenlose Aussprachebeispiele zum Anhören.

Den QR-Code mit einem Smartphone scannen, um zu den zugehörigen Aussprachebeispielen zu kommen.

Alternativ kann man diese auch unter: www.reise-know-how.de/kauderwelsch/066 erreichen.

2. Unsere separat erhältlichen AusspracheTrainer bieten noch umfangreicheres Tonmaterial und ermöglichen so ein unkompliziertes Erlernen der neuen Sprache, auch unabhängig von den jeweiligen Kauderwelsch-Büchern.

So funktioniert das

Kauderwelsch-Prinzip

1. Die zusätzliche Wort-für-Wort-Übersetzung verdeutlicht die fremde Satzstruktur. Grüne Hinterlegungen zeigen Lücken zum Einsetzen von Wörtern bzw. Alternativen zum Auswählen an.

Fremdsprache	**Ik zou graag een ijsje willen.**
Lautschrift	*ikk sau chraach ^{e}n äjsch^{e} will^{e}n*
Wort-für-Wort	*ich würde gerne ein Eischen wollen*
Übersetzung	Ich möchte ein Eis.

2. Dies erleichtert anschließend das Einfügen der gewünschten Wörter in die Sätze.

bier (n)	*biir*	Bier
broodje (n)	*brootch^{e}*	Brötchen
koffie	*koffi(i)*	Kaffee
kaas	*kaaß*	Käse
frikandel	*frikkanndäll*	Frikadellenwurst
frieten, patat (Pl)	*friit^{e}(n), patat*	Pommes frites
thee	*tee*	Tee
water (n)	*waat^{e}r*	Wasser

AZ Im Wörterbuch am Ende des Buches gibt es noch mehr Wörter, die man sinnvoll einsetzen kann.

Inhalt

Niederländisch lernen